地域創造研究叢書
No.32

高齢社会の健康と福祉のエッセンス

愛知東邦大学地域創造研究所=編

唯学書房

まえがき

　本書では、「地域の健康づくり研究部会」のメンバーおよび共同研究者が着目したそれぞれの課題について取り上げている。

　第Ⅰ部「日本と中国における健康寿命を延ばすための取り組み」では、日本と中国における高齢者の健康と福祉に関する調査結果を報告し、今後の地域の健康づくり対策の設定の一助となることが目的である。第1章では、名古屋市の高齢者への調査で、日常的に運動する者は健康状況が良く、80歳以降で日常生活動作が低下するため、適切な支援が必要であることが示された。第2章では、北海道の介護保険施設入所者への調査で、経管栄養の非経口摂取者は、発熱・肺炎を発症しやすく、感染予防の重要性を示した。第3章では、高齢化が急激に進む中国上海市において、その現状と地域福祉、高齢者保障の施政方針、アジアでの協力関係について報告した。第Ⅱ部「地域の『いきがい』づくりにおける小規模大学でできることの一考察」では、高齢者における運動のメリットと人間関係、地域社会の在り方と大学の役割について検討した。第4章では、健康づくりを目的とした運動教室を取り上げ、高齢者の健康と身体機能の関係から運動のメリットを紹介した。第5章では、運動における人間関係の重要性を考慮し、大学と地域において連携可能な内容を検討した。第6章では、「いきがい」ある地域づくりを実現するために大学が担うことができる役割を検討し、いきがいや楽しみを与えてくれる多様な活動を増加させることが、豊かな地域社会の在り方に必要であることを提案した。第Ⅲ部「社会福祉とケア」の第7章「レジデンシャル・ケアのメタ・クリティーク―社会福祉学の知識 Ⅳ―」では、老人ホームの福祉的なケアとして位置づけられる「高齢者の施設ケア」（レジデンシャル・ケア）というものの知識の全体像を検討するために、次の3つの方向からクリティーク（批判）とメタ・クリティーク＝オルタナティブ（提案）を試みるものである。1つ目は、レジデンシャル・ケア概念の機能と構造の再構成であり、それを捉える視点と文脈の再配置である。それは、特に老人ホームの中でのレジデンシャル・ケア概念の考察であり、特に施設ケア論文で追求しなかった概念規定を中心に、「機能と構造」を整理し、最後にレジデンシャル・ケアの全体像を検討するものである。2つ目は、レジデンシャル・ケアにおける家族ケアとの関係を明らかにすることである。家族の中で高齢者にしているようなケ

ア（家族ケア）と施設で行うレジデンシャル・ケアの比較から関係を整理することにある。それは、家族代替機能、家族補足機能を中心にレジデンシャル・ケアへの適合性と課題を示し、それらへのクリティーク（批判）を踏まえて新たなオルタナティブ（提案）として提示するものである。3つ目は、レジデンシャル・ケアの共同生活における入居者同士の人間関係を提案することである。それは、これまでにはなかったレジデンシャル・ケアにおける人間関係論について言及し、クリティークとそれに加えて、新たなオルタナティブ（提案）として提示した。

　本書の著者らの研究報告が、人生100年時代を見据えた高齢社会対策の策定の一助となれば幸いである。

2019年9月　　　　　　　「地域の健康づくり研究部会」主査　尚 爾華

目　　次

まえがき　iii

第Ⅰ部　日本と中国における健康寿命を延ばすための取り組み

第1章　女性高齢者の年齢階級別にみた健康状況と生活習慣に関する調査
　　　　──名古屋市内福祉会館における調査結果から
　　　　　　尚　爾華・加藤 利枝子・中川 弘子・渡邉 美貴・鈴木 貞夫　2
　Ⅰ　はじめに　2
　Ⅱ　研究方法　2
　Ⅲ　研究結果　5
　Ⅳ　考察　7
　Ⅴ　結語　10

第2章　介護保険施設入居者における発熱および肺炎発症の関連要因について
　　　　　　中山 佳美・森 満　12
　Ⅰ　緒言　12
　Ⅱ　対象および方法　13
　Ⅲ　結果　14
　Ⅳ　考察　18
　Ⅴ　結論　22

第3章　老いゆく中国社会における高齢化の現状および地域福祉
　　　　──上海市を例にして　馬 利中・尚 爾華　25
　Ⅰ　はじめに　25
　Ⅱ　中国高齢化の現状および高齢者保障に関する施政方針　26
　Ⅲ　上海市における高齢化と地域福祉　28
　Ⅳ　高齢化における中日・アジアでの協力関係について　31
　Ⅴ　おわりに　33

第Ⅱ部　地域の「いきがい」づくりにおける小規模大学でできることの一考察

プロローグ　中野 匡隆　36

第4章　高齢者の体力と健康　中野 匡隆　39
Ⅰ　高齢者の体力（歩行能力）　39
Ⅱ　転倒と体力（歩行能力）　40
Ⅲ　フレイルと体力（歩行能力）　40
Ⅳ　まとめ　41

第5章　人と人とのつながりの重要性　中野 匡隆　43
Ⅰ　グループ活動の意義　43
Ⅱ　ソーシャルキャピタルの概念　44
Ⅲ　著者らが現在取り組んでいる活動とその先に目指すもの　45
Ⅳ　まとめ　48

第6章　「いきがい」の創出に関する一考察　中野 匡隆　50
Ⅰ　いきがいの重要性　50
Ⅱ　いきがい意識の調査【紅葉狩り in 愛知カンツリー倶楽部】　53
Ⅲ　地域グループとの協同活動【お花見会 or 紅葉狩り in 愛知カンツリー倶楽部】　58
Ⅳ　運動以外の活動の重要性　60
Ⅴ　まとめ　63
Ⅵ　おわりに　63

第Ⅲ部　社会福祉とケア

第7章　レジデンシャル・ケアのメタ・クリティーク
　　　　―社会福祉学の知識Ⅳ―　丸岡 利則　66
Ⅰ　はじめに　66
Ⅱ　レジデンシャル・ケアの論点　68
Ⅲ　レジデンシャル・ケアの機能と構造　76
Ⅳ　レジデンシャル・ケアと家族ケア　83
Ⅴ　レジデンシャル・ケアにおける人間関係　96
Ⅵ　レジデンシャル・ケアの再構成　112
Ⅶ　おわりに　120

愛知東邦大学　地域創造研究所（紹介）　125
執筆者紹介

第Ⅰ部

日本と中国における健康寿命を延ばすための取り組み

第1章　女性高齢者の年齢階級別にみた健康状況と生活習慣に関する調査
——名古屋市内福祉会館における調査結果から

尚　爾華・加藤　利枝子・中川　弘子・渡邉　美貴・鈴木　貞夫

I　はじめに

　厚生労働省は国民が人生の最後まで元気に健康で楽しく毎日が送れることを目標とした様々な取り組みを推進している。2011（平成23）年2月には生活習慣を改善し、健康寿命を延ばすことを目的として「スマート・ライフ・プロジェクト」という活動を開始し、「適度な運動」、「適切な食生活」、「禁煙」の3つのアクションを呼びかけている[1]。名古屋市においても、健康体操やレクリエーションを通じて、"介護予防"について理解を深め、参加者同士の仲間づくりをすすめるなど、地域活動を支援している[2]。また、名古屋市各区の老人福祉センターにおいては、寝たきり生活にならないための身体づくりを目的とした地域在住高齢者向けの体操や太極拳、同時に2つまたは複数の課題に取り組む運動プログラム（多重課題運動）などの運動教室が毎年開催されている。

　高齢化社会が進む中、高齢者の現状を把握し、さらなる高齢者への支援策を検討する必要がある。しかしながら、地域在住高齢者の現状は十分に明らかになっていない。そこで本研究では、老人福祉センターが実施する「健康体操教室」に参加する地域在住高齢者を対象に、年齢階級別の日常生活動作（Activities of Daily Living: ADL）、現在歯数、健康習慣指数（Health Practice Index: HPI）および主観的健康度の現状を明らかにすることを目的とする。

II　研究方法

1　調査対象

　名古屋市には各区ごとに、高齢者が無料で利用できる老人福祉センターがあり、健康相談や様々なレクリエーションや講座が開催されている。本研究は、名古屋市

16区のうち協力を得ることができた9区の老人福祉センターにて、2016年4月〜2017年3月の1年間の体操プログラムとして開催された「健康体操教室」に参加した900人を対象とした。「健康体操教室」とは、寝たきり生活にならないような身体づくりを目標に、タオルやいすを使った高齢者向けの健康体操プログラムで、専門家の指導のもと、60歳以上の地域在住者を対象に毎年実施されている。1クラスの定員は約50名で、月に2回程度実施されている。

調査日の「健康体操教室」参加者675人（男性75人、女性600人）に自記式無記名質問紙「健康状況および生活習慣に関する調査票」を配布し、教室終了時に回収した。配布した全ての対象者675人（回収率100%）から調査票を回収した。男性参加者及び60-64歳女性に関しては非常に少数であったため、本研究の研究対象から除外し、65歳以上の高齢者女性582人を研究対象とした。そのうち、解析項目に欠損のない537人（92.3%）を本研究の解析対象者とした。調査は、2016年7月〜8月に実施した。

2　年齢階級別の日常生活動作、現在歯数、HPI、主観的健康度および生活習慣に関する調査

自記式無記名質問紙「健康状況および生活習慣に関する調査票」を用いて、調査を実施した。「健康体操教室」の開催時に、研究説明を行い、調査票を配布した。

質問項目は年齢、身長、体重、世帯状況、生活習慣（食事、睡眠、仕事、喫煙、飲酒、運動）、ストレス、主観的健康度、現在歯数、ADL、日常の活動状況である。

文部科学省が実施している「新体力テスト実施要綱（65〜79歳対象）」[3]から、特に日常生活活動の基本となる歩行と更衣動作を抽出し、「立ったままでズボンやスカートをはくことができる」、「休まないで歩ける時間」の2項目[4]について質問した。現在歯数については、厚生労働省、歯科医師会が進める「8020運動」より、現在歯数が「20本以上」、「20本未満」に加え、「入れ歯の使用の有無」について質問した。質問は、「①自分の歯（28本）」、「②自分の歯は20〜27本ある、入れ歯も使用」、「③自分の歯は20〜27本ある、入れ歯は使用していない」、「④自分の歯は20本未満、入れ歯も使用」、「⑤自分の歯は20本未満、入れ歯は使用していない」の5つの選択肢とした。

生活習慣については、森本が提唱する「八つの健康習慣」[5]-[7]より、朝食の摂取、食事の栄養バランス、誰と食事をするか、睡眠時間、仕事、喫煙、飲酒、ストレス

表 1-1　8つの健康習慣 [5]

1. 毎日朝食を食べる
2. 毎日平均7〜8時間眠る
3. 栄養バランスを考えて食事をする
4. 喫煙をしない
5. 身体運動・スポーツを定期的に行う
6. 過度の飲酒をしない
7. 毎日平均9時間以下の労働にとどめる
8. 自覚的ストレスが多くない

について質問した（表1-1）。

3　解析方法

　全ての項目について、「65-69歳」、「70-74歳」、「75-79歳」、「80-84歳」、「85歳以上」の年齢階級別に集計した。

　BMI（kg/m^2）は調査票に記載された身長と体重から算出し、「18.5未満」、「18.5以上25未満」、「25以上」に、世帯状況は、「親（本人）と未婚の子」、「親と子の家族」、「その他」をまとめて「その他」とし、「一人暮らし」、「夫婦のみ」、「その他」のそれぞれ3グループとした。

　ADLについて、「立ったままで、ズボンやスカートをはくこと」では「何もつかまらないで立ったままできる」、「何かにつかまれば立ったままでできる」、「座らないとできない」に、「休まないで歩ける時間」では、「1時間以上」、「20〜30分程度」、「5〜10分程度」のそれぞれ3グループとした。

　現在歯数については、「自分の歯（28本）」、「20〜27本ある、入れ歯も使用」と「20〜27本ある、入れ歯は使用していない」を「20本以上」、「20本未満、入れ歯も使用」と「20本未満、入れ歯は使用していない」を「20本未満」の2グループとした。

　HPIは、森本の「8つの生活習慣」[5]に関する質問より求めた。「8つの生活習慣」に該当する項目の得点を1点とし、得点を合計してHPIを算出した。HPIが3点以下は不良、4〜6は普通、7〜8は良好とした。

　主観的健康度は、「良くないと思う」と「あまり良くない」を「良くない」、「まあ良いと思う」と「良いと思う」を「良い」、そして「普通」の3グループとした。

　すべての項目について、年齢階級別の割合を求め、χ^2検定にて検討した。解析

にはEZR ver.2.3-0 を用いた。

4　倫理的配慮

　調査対象者に対する調査協力依頼文書に、この調査は無記名質問票を用いて、愛知東邦大学地域創造研究所が老人福祉センターの協力を得て行い、名古屋市地域住民の健康づくりの推進のための資料収集を目的とする主旨を記載した。また、結果はすべて統計的に処理され調査目的以外には使用しないこと、調査を拒否しても対象者に不利益がないことを説明した。回答をもって同意が得られたこととした。

Ⅲ　研究結果

1　対象者の基本属性（表 1-2）

　対象者の年齢は 65 ～ 94 歳で、平均年齢は 75.3 ± 5.7（平均値±標準偏差）歳であった。65-69 歳 94 人（17.7％）、70-74 歳 160 人（29.8％）、合わせて 65 歳以上 75 歳未満の前期高齢者は 254 名（47.3％）であった。75-79 歳 152 人（28.3％）、80-84 歳 98 人（18.2％）、85 歳以上 33 人（6.1％）で、75 歳以上の後期高齢者は 283 名（52.7％）であった。

　身長の平均値±標準偏差は、全体で 151.0 ± 5.3cm、65-69 歳は 154.0 ± 4.3cm で最も高く、最も低い 85 歳以上の 146.8 ± 5.8cm と 7cm 以上の差があった。体重の平均±標準偏差は 49.6 ± 7.5kg、最も重いのは 65-69 歳で 51.3 ± 8.3kg であり、最も軽い 85 歳以上の 45.6 ± 5.3kg と 5kg 以上の差があった。

　BMI（kg/m^2）の平均値±標準偏差は 21.7 ± 3.0 で、各年齢階級別においても BMI の平均値は 21.2 ～ 22.2kg/m^2 であった。年齢階級別では、BMI が「18.5 以上 25 未満」の割合は 75-79 歳においては 82.2％で、適正体重を維持していた参加者が最も多かった。その他の年齢階級においても、70％前後であった。

　年齢階級別の世帯状況において、「一人暮らし」は 65-69 歳、70-74 歳で、それぞれ 23 人（24.5％）、36 人（22.5％）であるのに対し、75-79 歳、80-84 歳、85 歳以上では、それぞれ 62 人（40.8％）、53 人（54.1％）、17 人（51.5％）と有意な差が認められた。

表 1-2　対象者の基本属性

年齢階級（歳） 人数（人）	全体 537	65-69 94	70-74 160	75-79 152	80-84 98	85 以上 33	p 値 by χ^2-test
身長 (m)[a]	151.0±5.3	154.0±4.3	151.9±4.9	150.9±5.2	148.3±4.6	146.8±5.8	
体重 (kg)[a]	49.6±7.5	51.3±8.3	51.2±7.7	49.0±6.5	47.7±7.1	45.6±7.0	
BMI (kg/m^2)[a]	21.7±3.0	21.6±3.3	22.2±3.1	21.5±2.8	21.7±2.9	21.2±3.1	
BMI 人数 (%)　18.5 未満	67 (12.5)	16 (17.0)	18 (11.2)	14 (9.2)	14 (14.3)	5 (15.2)	
18.5 以上 25 未満	403 (75.0)	64 (68.1)	115 (71.9)	125 (82.2)	73 (74.5)	26 (78.8)	
25 以上	67 (12.5)	14 (14.9)	27 (16.9)	13 (8.6)	11 (11.2)	2 (6.1)	0.178
世帯状況 人数 (%)　一人暮らし	191 (35.6)	23 (24.5)	36 (22.5)	62 (40.8)	53 (54.1)	17 (51.5)	
夫婦のみ	168 (31.3)	37 (39.4)	66 (41.2)	41 (27.0)	20 (20.4)	4 (12.1)	
その他	178 (33.1)	34 (36.2)	58 (36.2)	49 (32.2)	25 (25.5)	12 (36.4)	<0.001

(注) a：平均値±標準偏差

表 1-3　年齢階級別日常生活活動、現在歯数、HPI と主観的健康度の人数（割合 %）

年齢階級（歳） 人数（人）	全体 537	65-69 94	70-74 160	75-79 152	80-84 98	85 以上 33	p 値 by χ^2-test
立ったままズボンやスカートをはく*　できる	400 (74.5)	81 (86.2)	131 (81.9)	112 (73.7)	59 (60.2)	20 (60.2)	
条件付きでできる	124 (23.1)	12 (12.8)	29 (18.1)	38 (25.0)	32 (32.7)	11 (32.7)	
できない	13 (2.4)	1 (1.1)	0 (0.0)	2 (1.3)	7 (7.1)	2 (7.1)	<0.001
休まず歩ける時間　1 時間以上	257 (47.9)	56 (59.6)	92 (57.5)	69 (45.4)	31 (31.6)	9 (27.3)	
20～30 分程度	252 (47.1)	34 (36.2)	65 (40.6)	74 (48.7)	60 (61.2)	20 (60.6)	
5～10 分程度	27 (5.0)	4 (4.3)	3 (1.9)	9 (5.9)	7 (7.1)	4 (12.1)	<0.001
現在歯数　20 本以上	304 (56.6)	61 (64.9)	97 (60.6)	80 (52.6)	56 (57.1)	19 (57.1)	
20 本未満	304 (43.4)	33 (35.1)	64 (40.0)	72 (47.4)	42 (42.9)	14 (42.9)	0.011
健康習慣指数 (HPI)　不良	1 (0.1)	4 (4.3)	7 (4.4)	5 (3.3)	2 (2.0)	0 (0.0)	
普通	395 (73.6)	67 (71.3)	116 (72.5)	114 (75.0)	81 (82.7)	17 (51.5)	
良好	91 (17.4)	23 (24.5)	37 (23.1)	33 (21.7)	15 (15.3)	16 (48.5)	0.02
主観的健康度　良くない	87 (16.2)	15 (16)	20 (12.5)	28 (18.4)	19 (19.4)	5 (15.2)	
普通	300 (55.9)	55 (58.5)	94 (58.8)	86 (56.6)	52 (53.1)	13 (39.4)	
良い	150 (27.9)	24 (25.5)	46 (28.7)	38 (25)	27 (27.6)	15 (45.5)	0.35

(注) *：「できる」は何もつかまらないで立ったままでできる、「条件付きでできる」は何かつかまれば立ったままでできる、「できない」は座らないとできない。

2　年齢階級別の日常生活動作、現在歯数、HPI、主観的健康度および生活習慣に関する調査（表 1-3）

「立ったままで、ズボンやスカートをはくこと」について、「できない」は 65-69 歳、70-74 歳、75-79 歳でそれぞれ 1 人 (1.0%)、0 人 (0.0%)、2 人 (1.3%) であるのに対し、80-84 歳、85 歳以上ではそれぞれ 7 人 (7.1%)、2 人 (7.1%) と有意な増加が認められた（$p<0.001$）。

「休まないで歩ける時間」について、「1時間以上」は、65-69歳、70-74歳、75-79歳、80-84歳、85歳以上で、それぞれ257人（47.9％）、56人（59.6％）、92人（57.5％）、69人（45.4％）、31人（31.6％）、9人（27.3％）と80歳以上で特に減少していた（$p<0.001$）。HPIについて、全ての年齢階級で「不良」は5.0％未満と低い割合であった。

主観的健康度では、「良い」は85歳以上で15人（45.5％）と、他の年齢階級と比較して最も大きな割合であった。「良くない」は65-69歳、70-74歳、75-79歳、80-84歳、85歳以上でそれぞれ87人（16.2％）、15人（16.0％）、20人（12.5％）、28人（18.4％）、19人（19.4％）、5人（15.2％）と全ての年齢階級で20％未満と低い割合であった。

Ⅳ 考察

名古屋市内にある高齢者向け体操教室の参加者を対象に、「健康状況および生活習慣に関する調査」を行い、年齢別の基本属性、日常生活動作、現在歯数、HPI、主観的健康度について検討した。

1 基本属性について

対象者の年齢は65歳から94歳まで30歳の幅があり、平均年齢は75.3±5.7（平均値±標準偏差）歳であった。

BMI（kg/m^2）では「18.5以上25未満」が65-69歳、70-74歳、75-79歳、80-84歳、85歳以上でそれぞれ68.1％、71.9％、82.2％、74.5％、78.8％と大きな違いはなく、75.0％の参加者が適正体重であった。運動教室に参加している高齢者は運動や食事によって、良い体型を保っていると推測された。ただし、高齢者では一般的に加齢とともに内臓脂肪の増加と筋肉量の減少で、見かけ上BMIが上昇しない「かくれ肥満」の傾向があるため、BMIだけで評価するのは不十分である。今後さらなる検討が必要であると考える。

世帯状況では、厚生労働省「平成28年国民生活基礎調査の概況」[8]による65歳以上の高齢者女性における年齢階級別の「一人暮らし（単独世帯）」の割合は、65-69歳、70-74歳、75-79歳、80歳以上でそれぞれ14.8％、19.9％、25.8％、30.7％と報告されている[8]。本研究においては、年齢階級別のそれぞれで24.5％、

22.5％、40.8％、53.4％（80-84 歳 54.1％、85 歳以上 51.5％）と、どの年齢階級についても国民生活基礎調査よりも高い傾向にあった。特に 75 歳以上で非常に高い割合であった。

2　日常生活動作について

　先行研究で、軽度な運動介入が生活習慣の改善や健康増進に繋がることが期待できると多数報告されている [9]-[14]。スポーツ庁は 2016 年 10 月に「2014 年度の体力・運動能力調査」の調査結果を発表した。その調査によると、65〜79 歳の女性高齢者は、「何にもつかまらない状態で立ったままズボンやスカートをはくことができるか」という質問において、「運動を普段しない人」は 67.3％が「できる」と答えたのに対して、「週 3 日以上運動している人」は 81.8％が「できる」と答えたと報告している [15]。本研究では、「できる」と答えた割合は、65-69 歳 86.2％、70-74 歳 81.9％、75-79 歳 73.7％と、80 歳未満のいずれの年齢階級においても「運動しない人」より高い結果であった。しかし、「週に 3 回運動する人」よりはやや低いことから、月に 2 回程度の「健康体操教室」だけで運動している人たちの運動頻度を増やすことが必要であり、運動頻度を増やすことが、ADL 能力の向上につながる可能性があると考える。「できない」と答えた割合が、80 歳未満のいずれの年齢階級においても 1％前後であったことから、定期的に運動教室に参加している高齢者にとって、「服を着る」という日常生活はそれほど困難ではないことが明らかとなった。ただし、80 歳以上では、「できない」と回答した割合が 7％前後であることから、日常生活活動能力の低下は 80 歳以上から現れる可能性が示唆された。80 歳以上を一つの目安として、後期高齢者を中心に日常生活活動能力の低下を予防する対策が必要であると考える。

　「休まないで歩ける時間」の質問において、「2014 年度の体力・運動能力調査」の調査結果では、「1 時間以上歩ける」と答えた人は「週 3 日以上運動している人」のグループにおいては 61.0％で、「運動を普段しない人」は 31.0％にとどまっている [15]。本研究では、「1 時間以上歩ける」と答えた者は、65-69 歳 59.6％、70-74 歳は 57.6％、75-79 歳は 45.4％で、65-79 歳全体では 47.9％と、いずれも「運動を普段しない人」のグループより高く、「週 3 日以上運動している人」のグループより低い結果であった。体操教室の参加頻度を増やすことが日常生活動作に良い影響があると考えられる。

3 現在歯数について

「平成 28 年歯科疾患実態調査結果の概要」(厚生労働省) より、女性で「20 本以上」の歯を有する割合は、65-69 歳は 72.9％、70-74 歳は 66.8％、75-79 歳は 53.0％であったのに対し [16]、本研究では、64.9％、60.6％、52.6％といずれも低い割合であった。しかし、80-84 歳、85 歳以上において、「国民健康・栄養調査」ではそれぞれ 42.4％、20.8％であるのに対し、本研究では 57.1％、57.1％と高い割合であった。先行研究では、女性においては現在歯数が 20 本未満と関連がある要因は運動が 1 日 30 分未満であると報告されている [17]。現在歯数「20 本以上」の 80 歳以上の参加者は、歯の健康維持に高い意識を持っていることが考えられる。

4 HPI 及び主観的健康度について

HPI の「普通」は、80 歳未満のそれぞれの年齢階級では 70 〜 75％程度であったのに対し、80-85 歳で 82.7％と高かった。全ての年齢階級で、「不良」は 5％未満であり、普段の健康習慣が良いことが、「健康体操教室」に通えるような健康な状態を維持することにつながっていると考える。

主観的健康度では、85 歳以上で 85 歳未満より「良い」の割合が高かった。このことは、高齢になるにしたがって、自身の健康状態に対する認識や見方が柔軟化し、体調管理に関する自信から考え方がポジティブな方向に変化すると考えられる。しかし、本研究は横断研究なので、この年齢で主観的健康度が実際に上昇するかについては、追跡調査が必要である。

本研究で、「健康体操教室」に参加する女性高齢者は健康な状態を維持し、主観的健康度が良いことが明らかになった。このことは、健康な高齢者が「健康体操教室」に参加することにより、健康な状態を維持するという良い連鎖を作っているとも考えられる。つまり、高齢者に通いやすい近所の体操教室の存在は、地域在住の高齢者の健康づくりに貢献しているといえる。

年齢階級別の結果では、80 歳以上で ADL (歩行と更衣動作) の低下が顕著に見られることから、それ以前の年齢から、たとえば後期高齢者とされる 75 歳から、現状維持を目的とした支援を考えていくべきだと考える。ただし、本研究は横断研究であるため、対象者に関する実態調査の結果にとどまる。今後、後期高齢者の定義をはじめ、適切な高齢者支援について、さらなる検討が必要であると考える。

V 結語

　本研究により日常的に運動する高齢者はより健康状況が良く、日常生活動作の能力も高いことが示された。また80歳より日常生活動作の低下が現れることが明らかになった。このことからも現在の後期高齢者の定義及び高齢者に対する適切な支援について、さらなる検討が必要である。

謝辞

　本研究の調査にご協力いただきました名古屋市北区、西区、中区、昭和区、瑞穂区、熱田区、中川区、緑区、守山区の老人福祉センター関係者ならびに「健康体操教室」参加者の皆様には、心より感謝申し上げます。論文の構成及びデータの解析、専門用語に関するご助言をいただきました名古屋市立大学公衆衛生学講座の永谷照男先生、厚生労働省東北厚生局健康福祉部医事課玉井裕也先生、北海道釧路総合振興局保健環境部保健行政室中山佳美先生に深く感謝いたします。

【注】
(1) 「健康寿命をのばそう！　スマート・ライフ・プロジェクト」。
　　http://smartlife.go.jp/about/slp/（参照 2019-2-25）
(2) 名古屋市、第7期名古屋市高齢者保健福祉計画・介護保険事業計画「はつらつ長寿プランなごや2018」。
　　http://www.city.nagoya.jp/kenkofukushi/page/0000103013.html（参照 2019-2-25）
(3) 文部科学省「新体力テスト実施要項（65歳〜79歳対象）」。
　　http://www.mext.go.jp/component/a_menu/sports/detail/__icsFiles/afieldfile/2010/07/30/1295079_04.pdf（参照 2019-2-25）
(4) 文部科学省「高齢者（65〜79歳）の『ADL（日常生活活動テスト）』及び体力・運動能力とスポーツ・運動習慣との関係」。
　　http://www.mext.go.jp/component/b_menu/other/__icsFiles/afieldfile/2015/10/22/1362687_07.pdf（参照 2019-2-25）
(5) 丸山総一郎、佐藤寛、森本兼曩「労働者の働きがい感と健康習慣・自覚症状との関連性」『日本公衆衛生学雑誌』45（6）：1082-1094、1991。
(6) 中野匡子、矢部順子、安村誠司「地域高齢者の健康習慣指数（HPI）と生命予後に関するコホート研究」『日本公衆衛生学雑誌』53（5）：329-337、2006。
(7) 尚爾華、坂内文男、森満「運動による健康習慣指数（HPI）の改善：札幌市国保ヘルスアップモデル事業の結果から」『北海道公衆衛生学雑誌』18：88-91、2004。
(8) 厚生労働省「平成28年国民生活基礎調査の概況」。

https://www.mhlw.go.jp/toukei/saikin/hw/k-tyosa/k-tyosa16/dl/16.pdf（参照 2019-2-25）
(9)　横川吉晴、三好圭、西沢公美ほか「高齢者の歩行に対する『ふまねっと』を用いた段階的二重課題プログラムの効果」『理学療法科学』32（6）：777-781、2017。
(10)　兎澤良輔、川崎翼、平野正広、その他「運動頻度の違いによる歩行・バランス能力の相違──定期的な運動習慣のある中・高齢者による評価」『了徳寺大学研究紀要』11：177-182、2017。
(11)　渡部月子、渡部鐐二、武藤三千代、その他「健康体操教室に継続して参加している後期高齢者の健康維持・増進に関連する生活機能」『運動とスポーツの科学』21（1）：53-60、2015。
(12)　一戸秀子、笹本重子「地域在住の中高齢者女性を対象とした健康体操教室の実施効果」『日本女子体育大学スポーツトレーニングセンター紀要』17：33-44、2014。
(13)　尚爾華、坂内文男、森満「中高年者を対象にした運動習慣確立プログラムによる健康増進効果──札幌市国保ヘルスアップモデル事業の結果から」『札幌医学雑誌』74：101-120、2005。
(14)　澤田節子、肥田幸子、尚爾華ほか「地域在住高齢者の健康維持活動支援に関する調査」『東邦学誌』44（2）：117-139、2015。
(15)　スポーツ庁「平成 26 年度体力・運動能力調査」。
　　　http://www.mext.go.jp/sports/b_menu/houdou/27/10/icsFiles/afieldfile/2015/10/13/1362692_01_1.pdf（参照 2019-2-25）
(16)　厚生労働省「平成 28 年歯科疾患実態調査の概要」。
　　　https://www.mhlw.go.jp/toukei/list/dl/62-28-02.pdf（参照 2019-2-25）
(17)　中山佳美、森満「高齢者で歯を 20 本以上保つ要因について──北海道道東地域におけるケース・コントロール研究」『口腔衛生会誌』61：265-272、2011。

第2章　介護保険施設入居者における発熱および肺炎発症の関連要因について

中山 佳美・森 満

I　緒言

　肺炎は、わが国の死因の第3位で、特に65歳以上の高齢者は肺炎で死亡することが多い[1]。高齢者の肺炎は、就寝中の不顕性誤嚥が原因の場合があり[2]、デンタルプラーク細菌の誤嚥[3]-[5]やそれを含む唾液の誤嚥[6]-[8]が大きな要因となる。そのため、施設入居者に対する口腔ケアは、肺炎を予防する[9]-[14]ということで重要視されている。介護保険では、嚥下障害を予防するために、予防給付の中に口腔機能の向上サービスがある。また、市町村が行う高齢者介護予防対策の地域支援事業の中にも口腔機能向上サービスがある。嚥下障害の予防は、食事を飲み込みやすくすることで栄養を十分に摂ることができるようになるだけではなく、誤嚥性肺炎の予防にもつながる。

　さらに、口腔ケアは、インフルエンザの予防に関連性があるという報告がある[10][11][13][15]。咽頭に存在するブドウ球菌が産生するトリプシン様プロテアーゼは、インフルエンザウイルスの宿主細胞の侵入とインフルエンザウイルスの複製を促進する[11][16]。唾液内には咽頭や舌背に由来するブドウ球菌が存在し、口腔衛生状態の改善によって有意に減少することが示されている[11]。口腔ケアをすることで、唾液中の嫌気性菌の減少[15]、呼吸器病原菌が減少し[17]、ひいては、インフルエンザの発症を抑える[15]。

　肺炎及びインフルエンザの予防で、口腔ケアは注目されている。今回、介護保険施設入居者の発熱及び肺炎発症の関連要因を口腔ケア内容を含めて調査したので報告する。

II 対象および方法

1 対象

北海道東胆振地域（苫小牧市、白老町、安平町、厚真町、むかわ町）の介護保険施設22施設（特別養護老人ホーム11施設、介護老人保健施設8施設、介護療養型医療施設3施設）の管理者に対し、入居者に提供している口腔ケアサービスの内容を2011（平成23）年10月に、郵送法で調査した。調査した結果、口腔ケアが「歯磨き」及び「義歯清掃」のみを実施している3施設（特別養護老人ホーム2施設、介護老人保健施設1施設）を口腔ケア低レベル施設群とし、「歯磨き」、「補助的清掃用具での清掃」、「義歯清掃」、「舌及び口腔粘膜の清掃」及び「誤嚥予防のための食前の体操」を実施している3施設（介護療養型医療施設1施設、介護老人保健施設2施設）を口腔ケア高レベル施設群とした。口腔ケアを入居者に行っている施設職員は、看護職及び介護職の職種であった。

対象者は、対象施設の全数で、口腔ケア低レベル施設群の入居者204人と口腔ケア高レベル施設群の入居者257人とした。

2 調査方法

各施設の看護師が、対象者に対し、2011年11月1日に、性別、年齢、身長、体重、全身疾患の内容（高血圧、糖尿病、心疾患、脳血管疾患など）、食事形態（経鼻経管栄養、胃ろう、普通食、ソフト食、きざみ食、ゼリー食、ペースト食）の調査を行った。その後、各施設の看護師が、2011年11月～2012年3月までの期間、37℃以上の発熱日数、肺炎発症の有無、肺炎による入院日数、インフルエンザ発症の有無及びインフルエンザによる入院日数を調査した。インフルエンザワクチンについては、2011年11月中の接種、肺炎球菌ワクチンについては、2006年～2011年の間の接種について、看護師が調査した。肺炎の診断基準は、胸部X線で陰影があり、かつ他の疾患（肺がん等）ではないと鑑別された場合に肺炎とした。この調査期間内には、歯科医師及び歯科衛生士による訪問診療や専門的口腔ケアは行われていなかった。

3 分析方法

分析対象者は、口腔ケア低レベル施設群の入居者200人（男性38人、女性162

人）及び口腔ケア高レベル施設群の入居者254人（男性59人、女性195人）とした。2011年11月～2012年3月の期間、死亡や退所した者（7人）は除いた。

口腔ケア低レベル施設群と口腔ケア高レベル施設群とをt検定、χ^2検定によって比較検討した。有意水準を5%とした。

次に、ロジスティック回帰分析を用いて、発熱発症の有無及び肺炎発症の有無を目的変数として、無調整の単変量解析を行い、有意水準5%とし、オッズ比（OR）び95%信頼区間（95% CI）を求めた。なお、BMIは、日本肥満学会の定義により、18.5未満、18.5以上25未満、25以上とカテゴリー化した。次に、単変量解析で有意な関連性がみられた変数等によるロジスティック回帰分析の多変量解析を行い、オッズ比（OR）び95%信頼区間（95% CI）を求めた。多変量解析を行う際には、Spearmanの相関係数で、要因間に多重共線性がないことを確認した。統計解析は統計ソフトSAS Ver.9.2（SAS社製、東京）を用いて行った。

4　倫理的配慮

本研究は、札幌医科大学倫理委員会の承認を得て行われた（承認番号23-2-46）。

III　結果

1　口腔ケア低レベル施設群と口腔ケア高レベル施設群との比較について

表2-1に示すとおり、平均年齢は、男女とも、口腔ケア低レベル施設群が、口腔ケア高レベル施設群より高かった。BMIは、口腔ケア低レベル施設群も口腔ケア高レベル施設群も平均値が25以下であった。全身疾患は、口腔ケア高レベル施設群が、口腔ケア低レベル施設群より、高血圧、糖尿病、心疾患、脳血管疾患、腎疾患、パーキンソン病が多かった。口腔ケア低レベル施設群は、口腔ケア高レベル施設群より、肝疾患、骨折・骨粗鬆症が多かった。インフルエンザワクチンの接種率は、口腔ケア低レベル施設群が98.0%、口腔ケア高レベル施設群が96.9%であった。肺炎球菌ワクチンの接種率は、口腔ケア低レベル施設群が36.5%、口腔ケア高レベル施設群が46.9%で、口腔ケア高レベル施設群は、口腔ケア低レベル施設群に比べて接種率が高かった。食事形態は、口腔ケア低レベル施設群は、軟食（きざみ食・ソフト食・ゼリー食・ペースト食）が多かった。

表2-1 口腔ケア低レベル施設群と口腔ケア高レベル施設群との比較

	口腔ケア 低レベル施設群 N=200	口腔ケア 高レベル施設群 N=254	p値
年齢（平均値±標準偏差）[1]			
男性	85.0 ± 6.3	79.2 ± 8.7	p<0.001
女性	87.1 ± 6.1	84.8 ± 9.5	p=0.006
BMI（平均値±標準偏差）[1]			
男性	20.8 ± 3.1	20.4 ± 3.6	p=0.558
女性	21.3 ± 3.6	21.0 ± 3.3	p=0.513
全身疾患［複数回答、人（%）］[2]			
高血圧	96 (48.0)	154 (60.6)	p=0.007
糖尿病	35 (17.5)	69 (27.2)	p=0.015
心疾患	81 (40.5)	155 (61.0)	p<0.001
脳血管疾患	72 (36.0)	162 (63.8)	p<0.001
高脂血症	15 (7.5)	24 (9.5)	p=0.462
腎疾患	7 (3.5)	31 (12.2)	p<0.001
肝疾患	21 (10.5)	10 (3.9)	p=0.006
骨折・骨粗鬆症	16 (8.0)	6 (2.4)	p=0.006
パーキンソン病	4 (2.0)	20 (7.9)	p=0.006
呼吸器疾患	11 (5.5)	7 (2.8)	p=0.137
悪性腫瘍	6 (3.0)	17 (6.7)	p=0.075
認知症	81 (40.5)	126 (49.6)	p=0.053
インフルエンザワクチン［人（%）］[2]			
接種	196 (98.0)	246 (96.9)	p=0.448
未接種	4 (2.0)	8 (3.2)	
肺炎球菌ワクチン［人（%）］[2]			
接種	73 (36.5)	119 (46.9)	p=0.027
未接種	127 (63.5)	135 (53.2)	
食事形態［人（%）］[2]			
経管栄養（胃ろうを含む）	15 (7.5)	68 (26.8)	p<0.001
普通食	85 (42.5)	96 (37.8)	
軟食（きざみ食、ソフト食、ゼリー食、ペースト食）	100 (50.0)	90 (35.4)	

(注) BMI：Body Mass Index
　1：t検定で分析
　2：χ2検定で分析

2 発熱発症について

平均発熱日数は、口腔ケア低レベル施設群が 5.7 ± 11.6 日、口腔ケア高レベル施設群が 7.9 ± 13.5 日であった（t 検定：p=0.07）。

表 2-2 に、発熱発症を目的変数としたロジスティック回帰分析の単変量解析結果を示した。表 2-2 に示すとおり、発熱発症と関連した要因は、BMI が 18.5 未満（OR=2.20, 95% CI: 1.33-3.65）、BMI が 25 以上（OR=0.41, 95% CI: 0.23-0.73）、心疾患がある（OR=1.73, 95% CI: 1.17-2.53）、脳血管疾患がある（OR=1.74, 95% CI: 1.19-2.56）、呼吸器疾患がある（OR=4.92, 95% CI: 1.12-21.66）、肺炎球菌ワクチンの未接種（OR=0.65, 95% CI: 0.44-0.96）、食事形態が経管栄養（OR=21.55, 95% CI: 8.32-55.77）、軟食（OR=3.14, 95% CI: 2.05-4.82）であった。

表 2-3 に、単変量解析で有意な関連性がみられた変数及び年齢、性別、口腔ケアの変数について、ロジスティック回帰分析による強制投入での多変量解析を行った結果を示した。表 2-3 に示すとおり、発熱発症と関連した要因は、肺炎球菌ワクチンの未接種（OR=0.57, 95% CI: 0.36-0.92）、食事形態が、経管栄養（OR=19.33, 95% CI: 6.94-53.86）、軟食（OR=2.16, 95% CI: 1.34-3.49）であった。発熱発症と口腔ケアの内容とは関連性はみられなかった。

3 肺炎発症について

表 2-4 に、肺炎発症を目的変数としたロジスティック回帰分析の単変量解析結果を示した。表 2-4 に示すとおり、肺炎発症と関連した要因は、BMI が 18.5 未満（OR=3.22, 95% CI: 1.40-7.38）、呼吸器疾患がある（OR=3.95, 95% CI: 1.06-14.72）、悪性腫瘍の既往がある（OR=6.02, 95% CI: 2.02-17.96）、肺炎球菌ワクチンの未接種（OR=0.18, 95% CI: 0.07-0.48）、食事形態が、軟食（OR=5.46, 95% CI: 1.56-19.06）であった。表 2-5 に、単変量解析で有意な関連性がみられた変数及び年齢、性別、口腔ケアの変数について、ロジスティック回帰分析による強制投入での多変量解析を行った結果を示した。肺炎発症と関連した要因は、年齢が 91 歳以上（OR=6.57, 95% CI: 1.36-31.70）、女性（OR=0.32, 95% CI: 0.11-0.94）、BMI が 18.5 未満（OR=2.94, 95% CI: 1.18-7.33）、悪性腫瘍の既往がある（OR=3.93, 95% CI: 1.09-14.21）、肺炎球菌ワクチンが未接種（OR=0.21, 95% CI: 0.07-0.67）、食事形態が経管栄養（OR=5.35, 95% CI: 1.07-26.75）であった。

表 2-2　発熱発症を目的変数としたロジスティック回帰分析の単変量解析

	発熱あり	発熱なし	オッズ比（95%信頼区間）
年齢：80歳以下	75	38	1.00
81～90歳	127	91	0.71 (0.44-1.14)
91歳以上	84	39	1.09 (0.63-1.88)
性別：男	66	31	1.00
女	220	137	0.75 (0.47-1.22)
BMI：18.5以上25未満	175	107	1.00
18.5未満	89	25	2.20 (1.33-3.65)*
25以上	24	36	0.41 (0.23-0.73)*
口腔ケア：高レベル施設群	166	88	1.00
低レベル施設群	120	80	0.80 (0.54-1.17)
高血圧：なし	127	77	1.00
あり	159	91	1.06 (0.72-1.55)
糖尿病：なし	225	125	1.00
あり	61	43	0.79 (0.50-1.23)
心疾患：なし	123	95	1.00
あり	163	73	1.73 (1.17-2.53)*
脳血管疾患：なし	124	96	1.00
あり	162	72	1.74 (1.19-2.56)*
高脂血症：なし	259	156	1.00
あり	27	12	1.36 (0.67-2.75)
腎疾患：なし	262	154	1.00
あり	24	14	1.01 (0.51-2.01)
肝疾患：なし	266	157	1.00
あり	20	11	1.07 (0.50-2.30)
認知症：なし	148	99	1.00
あり	138	69	1.34 (0.91-1.97)
パーキンソン病：なし	273	157	1.00
あり	13	11	0.68 (0.30-1.55)
骨折・骨粗鬆症：なし	271	161	1.00
あり	15	7	1.27 (0.51-3.19)
呼吸器疾患：なし	270	166	1.00
あり	16	2	4.92 (1.12-21.66)*
悪性腫瘍：なし	271	160	1.00
あり	15	8	1.11 (0.46-2.67)
インフルエンザワクチンの接種：接種	276	166	1.00
未接種	10	2	3.01 (0.65-13.89)
肺炎球菌ワクチンの接種：接種	132	60	1.00
未接種	154	108	0.65 (0.44-0.96)*
食事形態：普通食	76	105	1.00
経管栄養（胃ろうを含む）	78	5	21.55 (8.32-55.77)*
軟食（きざみ食、ソフト食等）	132	58	3.14 (2.05-4.82)*

（注）＊：$p < 0.05$

表 2-3　発熱発症を目的変数としたロジスティック回帰分析の多変量解析

	オッズ比	（95％信頼区間）
年齢：80 歳以下	1.00	
81～90 歳	0.68	(0.39-1.20)
91 歳以上	1.13	(0.59-2.15)
性別：男	1.00	
女	0.82	(0.47-1.42)
BMI：18.5 以上 25 未満	1.00	
18.5 未満	1.57	(0.90-2.75)
25 以上	0.64	(0.34-1.20)
口腔ケア：高レベル施設群	1.00	
低レベル施設群	1.30	(0.81-2.08)
心疾患：なし	1.00	
あり	1.31	(0.84-2.06)
脳血管疾患：なし	1.00	
あり	1.02	(0.64-1.63)
呼吸器疾患：なし	1.00	
あり	4.58	(0.91-22.99)
肺炎球菌ワクチンの接種：接種	1.00	
未接種	0.57	(0.36-0.92)*
食事形態：普通食	1.00	
経管栄養（胃ろうを含む）	19.33	(6.94-53.86)*
軟食（きざみ食、ソフト食等）	2.16	(1.34-3.49)*

（注）＊：$p < 0.05$

IV　考察

　今回の研究結果から、経管栄養（胃ろうを含む）の者は、普通食を摂取している者に比べて、発熱及び肺炎発症のリスクが高いことがわかった。我々の結果は、前田ら[18]や豊里ら[19]の結果と一致する。前田ら[18]は、在宅療養者における調査で、胃ろう及び経鼻経管栄養の非経口摂取群は、経口摂取群に比べて、肺炎の罹患率が高く、誤嚥性肺炎の起炎菌も多かったと報告している。豊里ら[19]は、長期の経鼻栄養管理は、摂食・嚥下機能低下をもたらし誤嚥性肺炎を助長する要因となると報告している。したがって、経管栄養（胃ろうを含む）の者が肺炎のリスクが高かったのは、口腔機能を使わないことによる嚥下機能の低下及び咀嚼を行わないことによる唾液分泌の減少による口腔内の自浄作用の低下と関連しているのではない

表2-4 肺炎発症を目的変数としたロジスティック回帰分析の単変量解析

	肺炎あり	肺炎なし	オッズ比（95％信頼区間）
年齢：80歳以下	3	10	1.00
81～90歳	10	208	1.76（0.48-6.54）
91歳以上	11	112	3.60（0.98-13.26）
性別：男	9	88	1.00
女	15	342	0.43（0.18-1.01）
BMI：18.5以上[#]	12	328	1.00
18.5未満	12	102	3.22（1.40-7.38）*
口腔ケア：高レベル施設群	13	241	1.00
低レベル施設群	11	189	1.08（0.47-2.46）
高血圧：なし	14	190	1.00
あり	10	240	0.57（0.25-1.30）
糖尿病：なし	20	330	1.00
あり	4	100	0.66（0.22-1.98）
心疾患：なし	13	205	1.00
あり	11	225	0.77（0.34-1.76）
脳血管疾患：なし	14	206	1.00
あり	10	224	0.66（0.29-1.51）
高脂血症：なし	22	393	1.00
あり	2	37	0.97（0.22-4.27）
腎疾患：なし	22	394	1.00
あり	2	36	0.99（0.23-4.40）
肝疾患：なし	22	401	1.00
あり	2	29	1.26（0.28-5.61）
認知症：なし	11	236	1.00
あり	13	194	1.44（0.63-3.28）
パーキンソン病：なし	23	407	1.00
あり	1	23	0.77（0.10-5.95）
骨折・骨粗鬆症：なし	21	411	1.00
あり	3	19	3.09（0.85-11.27）
呼吸器疾患：なし	21	415	1.00
あり	3	15	3.95（1.06-14.72）*
悪性腫瘍：なし	19	412	1.00
あり	5	18	6.02（2.02-17.96）*
インフルエンザワクチンの接種：接種	24	418	1.00
未接種	0	12	—
肺炎球菌ワクチンの接種：接種	5	257	1.00
未接種	19	173	0.18（0.07-0.48）*
食事形態：普通食	3	178	1.00
経管栄養（胃ろうを含む）	5	78	3.80（0.89-16.31）
軟食（きざみ食、ソフト食等）	40	174	5.46（1.56-19.06）*

（注）＊：p＜0.05
　　　—：計算不能
　　　#：BMIが25以上で、肺炎に罹患した者がいなかったのでBMIを18.5以上にまとめた。

表2-5 肺炎発症を目的変数としたロジスティック回帰分析の多変量解析

	オッズ比 （95%信頼区間）
年齢：80歳以下	1.00
81〜90歳	2.60 （0.59-11.53）
91歳以上	6.57 （1.36-31.70）*
性別：男	1.00
女	0.32 （0.11-0.94）*
BMI：18.5以上#	1.00
18.5未満	2.94 （1.18-7.33）*
口腔ケア：高レベル施設群	1.00
低レベル施設群	1.32 （0.51-3.38）
悪性腫瘍：なし	1.00
あり	3.93 （1.09-14.21）*
呼吸器疾患：なし	1.00
あり	1.98 （0.46-8.47）
肺炎球菌ワクチンの接種：接種	1.00
未接種	0.21 （0.07-0.67）*
食事形態：普通食	1.00
経管栄養（胃ろうを含む）	5.35 （1.07-26.75）*
軟食（きざみ食、ソフト食等）	2.81 （0.73-10.75）

（注）＊：p＜0.05
　　　＃：BMIが25以上で、肺炎に罹患した者がいなかったのでBMIを18.5以上にまとめた。

かと考えられる。今回の結果は、口から食べることの大切さを示唆している。さらに、我々は、きざみ食・ソフト食・ゼリー食・ペースト食の軟食を摂取している者は、普通食を摂取している者に比べて、発熱するリスクが高いことがわかった。この結果は、桑澤ら[20]の食形態の軟食傾向が誤嚥性肺炎・気道感染症発症と関連していたという報告と類似している。桑澤ら[20]は、嚥下機能の低下により食形態を調整している場合は、むせや疲労から食事を中断してしまうこともあると考察している。林[21]は、きざみ食やミキサー食は、普通の形態に比べて、給与栄養量が減少し、低栄養の一因になりうると報告している。すなわち、きざみ食などの軟食摂取者は、栄養摂取量が十分でない場合が考えられ、そのことにより、誤嚥性肺炎・気道感染症を発症しやすくなり、発熱症状も発症しやすくなるのではないかと考えられる。

　今回の調査で、BMIが18.5未満の者は、18.5以上の者と比べて、肺炎発症のリスクが高かった。この結果は、Blumentalsら[22]のBMIが18.5未満の者は、BMI

が 18.5 以上 24.9 以下の者と比べて、インフルエンザに関連した肺炎に罹患しやすいという報告と類似する。BMI が 18 未満は、免疫機能を危うくするので[22]、BMI が低いと肺炎等に罹患しやすいのかもしれない。

今回、肺炎球菌ワクチンを接種している者は、未接種の者と比べて、肺炎及び発熱発症のリスクが高かった。肺炎球菌ワクチンの接種率（42.3%）は、広瀬ら[23]の愛知県内の全高齢者入居施設の調査結果（44.3%）とほぼ一致していた。広瀬ら[23]は、2009 年 10 月に承認された肺炎球菌ワクチンとインフルエンザワクチンとの同時接種及び肺炎球菌ワクチンの再接種に関する情報の認識不足が施設における肺炎球菌ワクチンの接種率に影響を及ぼしていると報告している。したがって、今回の結果は、全身状態が比較的重篤な者が、肺炎球菌ワクチンを接種している可能性があり、全身状態が悪化しているので、肺炎や発熱が発症しやすかったのではないかと考えられる。

今回の調査で、悪性腫瘍の既往のある患者は、肺炎発症のリスクが高かった。悪性腫瘍の部位は、大腸が 7 人、膀胱が 3 人、胃が 3 人、前立腺が 2 人、甲状腺が 2 人、その他が 6 人で、口腔・咽頭部の悪性腫瘍は一人もいなかった。悪性腫瘍の患者は、薬物療法を受けている場合、免疫能の低下によって、肺炎に罹患しやすくなるのかもしれない。

今回、看護職及び介護職が行う口腔ケアの内容の違いによって、発熱及び肺炎発症に差はみられなかった。El-Solh[24]は、施設入居者を対象とした研究の大半は、歯科医師・歯科衛生士が行う専門的な口腔ケア（Professional oral care）を受けた者は、看護職が行う義歯清掃などの日常的な基本的な口腔ケアしか受けなかった者より、発熱及び肺炎発症のリスクは低かったと報告している。Yoneyama ら[9]は、看護職が行う歯磨き、口蓋、下顎の粘膜及び舌背の他に、歯科医師及び歯科衛生士が行う歯垢及び歯石除去を毎週定期的に行った入居者は、歯科医師及び歯科衛生士による専門的口腔ケアを行わなかった入居者に比べて、発熱及び肺炎発症する者が少なかったと報告している。Adachi ら[10]は、週に 1 度、歯科衛生士による電動歯ブラシでの歯磨き、歯間ブラシでの清掃、頬粘膜及び舌の清掃及び義歯清掃の専門的口腔ケアを行った者は、専門的口腔ケアを行わなかった者に比べて、発熱、誤嚥性肺炎及びインフルエンザの発症は低かったと報告している。

したがって、入居者の発熱及び肺炎発症のリスクを低下させるためには、看護職及び介護職が行う口腔ケアのメニューの多さ、少なさよりも、歯科医師及び歯科衛

生士が行う歯石除去などを含む定期的専門的な口腔ケアが必要であることが示唆された。

　我々の今回の研究には、いくつかの限界がある。一つ目の限界は、口腔ケアの頻度及び口腔ケア時間を調査しなかったことである。堀ら[25]は、一般病棟入院高齢患者の経口摂取群において、看護職による口腔清掃が1日3回以上の者は、1日2回以下の者と比べて、37.5℃以上の発熱が有意に少なかったと報告している。口腔ケアの頻度及び口腔ケア時間を含めていたら、看護職及び介護職の口腔ケアの効果をより精度を高めて分析できたと思われる。二つ目の限界は、口腔ケア内容を施設単位で調査して、調査対象者の個人個人の口腔ケア内容を調査していないことである。さらに、今後、調査が必要である。三つ目の限界は、対象者の身体活動性（歩行可能、座位可能、寝たきりなど）や要介護度を調査しなかったことである。これらの要因を含めて分析することで、肺炎球菌ワクチン接種と発熱及び肺炎との関連について、より深まった分析ができたと思われる。また、要介護度によって、施設の口腔ケアに対する方針が違っている可能性があり、要介護度を含めた分析が必要であったが、実施しなかった。

V　結論

　本研究結果から、経管栄養（胃ろうを含む）の非経口摂取者は、発熱や肺炎を発症しやすいことがわかり、施設においての感染予防が重要であろう。

【注】
(1) 伊藤雅治、椎名正樹、遠藤弘良ほか『国民衛生の動向・厚生の指標　増刊』（財）厚生労働統計協会、東京、2012、54頁。
(2) Kikuchi, R., Watabe, N., Konno, T., et al., "High incidence of silent aspiration in elderly patients with community-acquired pneumonia," *Am J Respir Crit Care Med*, 150: 251-253, 1994.
(3) Scannapieco, F. A., Papandonatos, G. D., Dunford R. G., "Associations between oral conditions and respiratory disease in a national sample survey population," *Ann Periodontol*, 3: 251-256, 1998.
(4) Scannapieco, F. A., Stewart, E. M., Mylotte, J. M., "Colonization of dental plaque by respiratory pathogens in medical intensive care patients," *Crit Care Med*, 20: 740-745, 1992.

(5) El-Solh, A. A., Pietrantoni, C., Bhat, A., et al., "Colonization of dental plaques: a reservoir of respiratory pathogens for hospital-acquired pneumonia in institutionalized elders," *Chest*, 126: 1575-1582, 2004.
(6) Scannapieco, F. A., Mylotte, J. M., "Relationship between periodontal disease and bacterial pneumonia," *J Periodontol*, 67: 1114-1122, 1996.
(7) Bentley D. W., " Bacterial pneumonia in the elderly: Clinical features, diagnosis, etiology, and treatment," *Gerontology*, 30: 297-307, 1984.
(8) Pierce, A. K., Sanford, J. P., "Aerobic gram-negative bacillary pneumonias," *Am Rev Respir Dis*, 110: 647-658, 1974.
(9) Yoneyama, T., Yoshida, M., Ohrui, T., et al., "Oral care reduces pneumonia in older patients in nursing homes," *J Am Geriatr Soc*, 50: 430-433, 2002.
(10) Adachi, M., Ishihara, K., Abe, S., et al., "Professional oral health care by dental hygienists reduced respiratory infections in elderly persons requiring nursing care," *Int Dent Hygiene*, 5: 69-74, 2007.
(11) 足立三枝子、原智子、斉藤敦子ほか「歯科衛生士が行う専門的口腔ケアによる気道感染予防と要介護度の改善」『老年歯学』22：83-89、2007。
(12) Abe, S., Ishihara, K., Adachi, M. et al., "Oral hygiene evaluation for effective oral care in preventing pneumonia in dentate elderly," *Arch Gerontol Geriat*, 43: 53-64, 2006.
(13) 君塚隆太、阿部修、足立三枝子ほか「高齢者口腔ケアは、誤嚥性肺炎・インフルエンザ予防に繋がる」『日歯医学会誌』26：57-61、2007。
(14) Mori, H., Hirasawa, H., Oda, S., et al., "Oral care reduces incidence of ventilator-associated pneumonia in ICU populations," *Intensive Care Med*, 32: 230-236, 2006.
(15) Abe, S., Ishihara, K., Adachi, M. et al., " Professional oral care reduces influenza infection in elderly," *Arch Gerontol Geriat*, 43: 157-164, 2006.
(16) Tashiro, M., Ciborowski, P., Klenk, H. D. et al., "Role of Staphylococcus protease in the development of influenza pneumonia," *Nature*, 325: 536-537, 1987.
(17) Abe, S., Ishihara, K., Okuda, K., "Prevalence of potential respiratory pathogens in the mouths of elderly patients and effects of professional oral care," *Arch Gerontol Geriat*, 32: 45-55, 2001.
(18) 前田惠利、中本幸子、池田匡ほか「高齢在宅療養者の口腔内微生物――経口摂取群と非経口摂取群における検討」『日本看護科学会誌』31：34-41、2011。
(19) 豊里晃、植田耕一郎、野村修一「介護施設における経管栄養管理者の口腔ケアと摂食・嚥下機能訓練による肺炎予防効果」『未病と抗老化』19：100-105、2010。
(20) 桑澤実希、米山武義、佐藤裕二ほか「施設における誤嚥性肺炎・気道感染症発症の関連要因の検討」『Dent Med Res』31：7-15、2011。
(21) 林静子「高齢者の栄養ケアにおける疑問と検証：(1) 刻み食、ミキサー食の落とし穴」『臨床栄養』100：145、2002。

(22) Blumentals, W. A., Nevitt, A., Peng, M. M. et al., "Body mass index and the incidence of influenza-associated pneumonia in a UK primary care cohort," *Influenza Other Respir Viruses*, 6: 28-36, 2012.
(23) 広瀬かおる、續木雅子、林嘉光ほか「高齢者入居施設における肺炎球菌ワクチンのインフルエンザワクチンとの同時接種及び再接種に対する認識と対応についての調査」『日本公衛誌』59：407-414、2012。
(24) El-Solh, A. A., "Association between pneumonia and oral care in nursing home residents," *Lung*, 189: 173-180, 2011.
(25) 堀良子、高野尚子、葭原明弘ほか「一般病棟入院患者における口腔清掃と発熱との関連」

第3章　老いゆく中国社会における高齢化の現状および地域福祉
——上海市を例にして

馬　利中・尚　爾華

I　はじめに

　アジアの諸国・地域は日本の経済発展に注目し、政策的に多産多死型から多産少死型を経て少産少死型に変わっていくという「人口転換」を急速に進めるという道を後追いしている。「人口ボーナス」を作り上げて経済発展をしようという取り組みは、1970年代以降年間7％を超える異例の高成長率を維持し、1990年代には急速な工業化を実現した「アジア四小龍」と呼ばれる韓国、シンガポール、台湾、香港の後、「改革開放」政策を実施する中国本土でも展開している。とりわけ中国では、「一人っ子政策」という人口政策が30年以上推し進められてきたが、それと同時に、急速な経済発展を遂げつつある。しかし、そのままでは2030年代より早く「人口ボーナス」は使い果たすことになり、「人口オーナス」に陥りかねないから、中国政府は、いまから急速に高齢者福祉問題に取り組まざるを得なくなっている。そこで、一衣帯水の隣人である高齢化の先進国・日本に対する関心は高まっている。

　日本では、長期にわたる出生率の低下および長寿化などにより、歴史上例をみない急速なペースで少子高齢化が進展している。そして、人口減少により経済規模が縮小する中で、社会保障費が増大している。一方中国でも、一人っ子政策の影響で高齢化が進展しており、特に一人当たりの所得水準が十分に高まる前に高齢化が進む「未富先老（豊かになる前に高齢化する）」という危機意識が高まっている。そこで、地域大国としての日中の対応策が、アジアおよび世界の高齢化趨勢に多大なる影響を及ぼす状況にある。そのため、今後高齢化時代におけるアジア、特に経済的にも政治的にもこの地域の発展を担ってきた日中をはじめ、アジアの諸国・地域間の連携を強め、持続的な発展に向けた新たな協力関係を築いていくことが重要になるだろう。高齢化社会における持続可能な発展に向けた協力は高齢化をめぐる中日

及びアジアでの最も重要な協力関係であると思う。そこで、上海市を例にして、中国高齢化の現状・地域福祉、高齢者の生きがい及び中日・アジアでの協力関係について述べようとする。

II 中国高齢化の現状および高齢者保障に関する施政方針

　中国は今日本と同様の人口変化を体験している。「一人っ子政策」が中国では36年にわたって強力に推し進められてきた。そして「改革開放」政策のおかげで、急速な経済発展も遂げつつある。その一方で「未富先老」への懸念が高まっている。経済成長、出産意識の変化につれて、中国は既に高齢化が急速に進む段階に入っている。

　2017年末、中国の60歳以上の人口は2億4,090万に達して、総人口の17.3％を占めるが、65歳以上の人口は1億5,831万に達して、高齢化率は11.4％になった。1950年代のベビーブーム時代に生まれた人々は今高齢者人口増のピークを形成しており、その高齢者人口のほとんどは一人っ子の親である。その意味からいうと、中国の高齢化問題は一人っ子の親の問題ともいえる。いま、中国の世帯規模も小さくなりつつあり、1953年の4.33人からいまの3人になった。伝統的な親孝行の倫理に基づいて子供から世話を受けようとすると、一人っ子たちは、結婚した途端に4人の親とさらにその上の祖父母世代何人かを含めて世話しなければならないことになる。人口推計によれば、2050年ごろまでには、中国の60歳以上人口は4億8,700万人のピークに達すると予想され、総人口の34.9％を占めるまでとなるだろう。

　中国における急速な高齢化の原因は、新中国初期の高出生率と平均余命の伸び、そしてここ30年以上の出生率低下の共同作用である。この出生率の低下は、育児効用の低下、育児コストの上昇、そして計画生育政策によるものであり、「一人っ子政策」だけが高齢化の主要な原因という訳ではなく、「一人っ子政策」を撤廃しても、高齢化の緩和には微々たる効果しかないし、現在の事情を緩和できないと思われる。

　中国高齢化の特性というと、①「未富先老」。先進国では一人当たりGDPが1万ドルを超えてから高齢化社会に入ったが、中国の場合、高齢化社会に突入した2001年に、5,000ドルに過ぎず、中国社会に大きな負担と圧力をもたらした。②都

市化の進展により、農村の若年労働者が大量に都市に流入し、この結果農村の高齢化のスピードは都市よりも速く、農村は深刻な高齢化問題に直面している。また農村では、60歳以上人口に対する80歳以上の比率も上昇傾向にあり、2000年の9.5％から2030年には14.4％になり、その時点で都市部を3.4％上回ることが予測されている。③年金の積み立て不足が深刻化、などがあげられる。この厳しい状況で中国政府は高齢者対応策づくりに取り組まざるを得なくなっている。

　1982年、ウィーンで開催された国連の第一回「高齢化に関する世界会議 World Assembly on Aging」会議後、中国では中央から地方各地に「老齢工作委員会」が設立された。その事業内容は、①地域社会における高齢者福祉サービスのネットワークづくりへの指導、②高齢者の権益を守る「老年憲章」づくりやその宣伝教育、③退職高齢者の生きがいづくりなど事業に活動を展開するなどがある。1996年8月に中国国務院が「老年権益保障法」を公布した。その中で、「国家と社会はあらゆる措置を取り、高齢者への社会保障制度を整備し、次第に高齢者の生活、健康及び社会発展への参与の条件を整え、五つの"老有"（扶養、医療、社会参加、生涯学習、娯楽）を実現すること」という高齢者の社会保障に関する基本方針が示された。また、「各階レベルの人民政府は高齢者事業を国民経済と社会発展計画に取り組み」、「全社会の敬老、高齢者を扶養する宣伝教育活動を広げ、高齢者を尊重し、心から助ける社会的風習を樹立」、そして「高齢者の扶養は主に家庭を頼り、家族員は高齢者の世話をすべき」、「国家は高齢者の合法的権益を保障」し、「差別、侮辱、虐待あるいは高齢者を遺棄する行為を禁止すべき」である、などの内容がある。

　五つの"老有"に関する説明は下記の通りである。①「老有所養」〈扶養〉は、物質的・精神的な両面の基本的保障を意味し、経済収入保障、日常生活の世話、精神的な慰めの3つが含まれる。②「老有所医」〈医療〉は高齢者に対する疾患の予防や治療、健康回復などの保障が与えられ、必要な処遇を受けられることを指す。③「老有所為」〈社会参加〉は、高齢者の体力・専門知識・趣味により、定年退職後も引き続きそれらを生かし、社会に貢献することを意味する。④「老有所学」〈生涯学習〉は、高齢者が自分の健康保持や発展を図ろうとするとき、各種の知識を獲得する機会が保障されることを指す。⑤「老有所楽」〈娯楽〉は、各種の文化、芸能活動の参加によって、精神的な充実感が得られることを意味する。直ちに気付くように、〈扶養〉に関する「精神的慰め」も含む意識、〈医療〉による健康

づくり、〈社会参加〉による社会的貢献、〈生涯学習〉、〈娯楽〉による「精神的な充実感」など、生きがいに深くかかわっている。2018年から「中国全国老齢工作委員会」の活動に対する中央政府の管理部門は国家民政部（省）から国家衛生健康委員会に変わったが、高齢者事業に対する政府活動の重点は社会的弱者・貧困層としての高齢者への経済的援助から疾患の予防や治療、健康づくりなどへ移動するだろうと理解される。

Ⅲ　上海市における高齢化と地域福祉

　上海市は、改革開放の"窓口"と呼ばれる先進都市で、同時に少子高齢化のスピードが最も速い地域である。1979年には高齢化社会に突入したが、北京市、天津市のそれより10年、全国平均より20年も早かった。2017年、上海市総人口は2,418万人を突破している。そのうち、外来常住人口は972万人、戸籍を持つ人口は1,456.35万人。戸籍人口のうち、60歳以上人口割合は33.2％（483.60万人）で、65歳以上の人口割合は21.8％（317.67万人）になっており、上海市は既に超高齢社会の段階に入っている。

　上海市の高齢化に大きな影響を与えたのがやはり「一人っ子政策」といわれる少子化促進策といえる。1951年には上海市の合計特殊出生率が5.10もあったのに、1995年には1.00を割り込み、最近の10年数間の平均数は0.86にまで落ち込んでいる。高齢化に影響を与えたもうひとつの原因は、死亡率の低下による長寿化といえる。1951年の上海市女性の平均寿命は45.56歳、男性は42歳であったが、2017年に女性が85.85歳、男性も80.98歳にまで延伸したが、「長寿国」日本の水準に迫っている。

　改革開放以前の中国では、国営企業が職場と生活の場を「単位」としてまとめて責任を持つ体制であったが、改革開放以後、企業は、競争力を高めるために、職場だけに責任を持つようにして、生活の場は職場から切り離された。そこで生活の場は、「社区」（コミュニティ）としては居住者の福祉に責任を負う組織としての機能を付与されることとなった。

　中国国務院の高齢者事業発展「第12次（2011-2015）」、「第13次（2016-2020）」五ヶ年計画に高齢者福祉サービス事業づくりに対する要求は、社区による包括ケアサービスを発展すること、社区総合サービス施設や拠点を建設すること、社区内で

の「医養結合」健康福祉モデルを構築することなどがあげられる。社区による包括ケアサービスを発展することというのは、つまり、デイケアセンター、託老所、「星光老年之家」（福祉宝くじの益金を使って整備が進められている国家プロジェクト）、相互扶助式のコミュニティ高齢者サービスセンター等のコミュニティ内高齢者施設を住宅地区建設計画に組み入れ、近い・便利・実用的という原則に基づき、入居型、デイケア型、一時預かり等のコミュニティによる高齢者向けサービスを展開していくとのことである。社区総合サービス施設や拠点を建設することというのは、施設や拠点を建設すると同時に、在宅養老サービス情報システムを構築し、在宅養老サービス情報プラットフォームのモデルケースをしっかり実施すると同時に、徐々にモデルケースの範囲を拡大し、在宅養老サービスの仲介組織を育成する。民間企業・資金からの支えが在宅養老サービスを展開するように指導・サポートして、在宅養老サービスプロジェクトを開発させ、サービスモデルを刷新するように奨励する。家庭サービス産業の発展に力を入れ、介護サービスを重点任務とし、在宅養老サービス分野を基本的な生活面のケアから医療健康、補助器具、精神的ケア、法的サービス、緊急救助等の福祉分野に拡大していくとのことである。社区内で「医養結合」健康福祉モデルを構築することというのは、「医養結合」を原則として、末端の医療及び衛生機関が管轄区内の65歳以上の高齢者に健康管理サービスを提供し、健康カルテ制を構築することである。政府の高齢者福祉サービスシステム構築に対する原則というと、在宅を基礎とし、コミュニティを拠り所とし、施設によるサポートを特徴として、在宅養老とコミュニティの高齢者サービスネットワークを健全化することである。

　上海市の地域福祉政策やその取り組み、運営実績など、中国全土のモデルであり常に先行するトップランナー的な存在である。そんな上海でも認知症ケアや在宅介護など課題が多い。上海市の場合、「社区」高齢者福祉を推進するにあたって、「9073」という数字が語られる。これは高齢者の90％は在宅で暮らしてもらい、7％は地域福祉で世話を受け、残りの3％を施設に入居してもらうという目標を意味している。つまり自宅で世話される高齢者が大多数を占め、施設で老後を過ごす高齢者はごく一部で、その間に「社区」から世話を受ける高齢者がいるという目標が立てられているのである。

　上海市の行政組織といえば、市の下に16の区、区の下に214の街道と鎮（町）という行政末端組織が置かれているが、「社区」は街道の中に置かれている約3,500

の居民・村民委員会に属する住民の居住コミュニティである。市、区、街道にはそれぞれが設置主体となっている老人福祉施設がある。その総数は 2017 年で 703 ヶ所（ベッド数は計 14 万床）となっている。そのうち、医療機関をもつ老人福祉施設は 283 ヶ所で、医療機関と契約関係をもつ施設は 536 ヶ所である。しかしそれでも増大する高齢者の福祉需要に、施設福祉だけで対応することはできないので、「居家養老」という在宅福祉に力が入れられている。この在宅福祉が「社区」の重要な機能とされているのである。

　上海市は、2019 年までに、行政末端組織の街道・鎮ごとに、「社区総合老人サービスセンター」を少なくとも 1 ヶ所、設置する計画がある。その「社区総合老人サービスセンター」は、地域包括ケアの設施・拠点で、その中には、デイサービスセンター、一時預かり所、医療機関、配食サービス、風呂場等の在宅高齢者向けのサービスを提供する設施と空間がある。計画としては、2017 年に 100 ヶ所の「社区総合老人サービスセンター」は 2018 年に 180 ヶ所、2019 年に 260 ヶ所に拡大し、上海市の 214 の街道・鎮をカバーする予定である。

　上海市の社区には、2017 年現在、「長者照料之家」（建築面積は 300 ㎡以上、ベッド数は 10-49 床を要求される一時預かりの老人福祉施設、）は 127 ヶ所（ベッド数は計 3,430 床）、日託所・日間照料站（デイサービスセンター）が 560 ヶ所に設置されており、月ごとに 2.3 万人が通っている。また、334 ヶ所の「社区助老服務社」が置かれており、生活保護手当を受けている 12 万人を含めて、約 26 万人の手助けを必要とする高齢者に支援サービスを提供している。全市には、老人病院や老年護理院といわれるターミナルケアの施設が 39 ヶ所（ベッド数 1 万 1,700 床）ある。自宅療養する人向けの「家庭病床」のベッド数は 5.23 万床あるが、健康管理のカルテ制サービスを受けている 65 歳以上高齢者は 225.30 万人、総数の 70.9％を占めている。じつは、「医養結合」の原則に従って、上海は、2011 年から中国全土に先がけ GP（ホームドクター）制度を創設したが、2018 年現在、「社区」で 8,000 人のホームドクターは 666 万人の住民と GP 医療契約を結んでいる。すべての保健＋医療情報を統合した ICT による情報共有プラットフォームの導入で、地域医療機関に加え、漢方専門病院など医療の現場にも密着。医療と介護の連携の取り組みの実際についても把握できるようになった。また、社区には在宅老人のための配食センターが 707 ヶ所設置されており、8.1 万人の在宅高齢者に配食サービスを提供している。

Ⅳ　高齢化における中日・アジアでの協力関係について

　人口高齢化は、アジアの国々及び世界全体が直面する共通の課題となっている。その直面している高齢化の中で、幾つか東アジア、ASEAN なりの特性をもっている。第 1 に、低下に転じる生産年齢人口の比率。アジア各国は 1970 年代以降、人口ボーナスの恩恵を受け、持続的な経済成長を実現してきたが、しかし、出生率の低下などにより、アジアの今、生産年齢人口の比率は 2015 年からピークになって、減少に転じることが見込まれている。日本では 2000 年から生産年齢人口比率が減少しており、中国では、2015 年からも同比率の減少をする見込み。ASEAN の国々は、2020 年ごろまで同比率の減少に転じると予想されている。第 2 は、高齢化が速いペースで進んでいること。高齢化社会から高齢社会になるまでの期間を見ると、その所要期間は、フランスでは 115 年、スウェーデンが 85 年、イギリスが短いが 46 年で、日本は、24 年という短い期間で、中国も 26 年間しかない。そのほかのアジア諸国を見ると、シンガポールでは 17 年、韓国では 18 年、タイでは 22 年など、日本以上のスピードと予想される。第 3 は、アジア全体で直面している高齢化は、その経済水準が先進国と比較して低い状態にあること。アジアの中には、1 人当たり GDP がそれほど高くないまま人口ボーナスが終了した国が多いが、豊かさが十分に達成していないうちに人口オーナスが到来した。中国みたいな「未富先老」のような国がアジアで少なくない。第 4 は、アジアの国々には、高齢化の対応策づくりという課題に対し、経験が少ない国が多いことである。

　アジアでは、少子高齢化問題が顕著に現れており、これまでこの地域の発展をリードしてきた日中両国の対応が大変重要になっている。日本では、急速なペースで少子高齢化が進展した結果、社会保障費が増大するなどして成長を停滞させる要因となっている。中国でも、高齢化の進展で労働力が減少しはじめ、年金の積み立て不足が深刻化、「留守老人」の介護を支える基盤が整っていない、など「未富先老」による問題が多い。このような少子高齢化は、今後アジア各国でも進展していくことが予測されており、地域の繁栄を揺るがす重大な問題になる。そのため、今後アジア、特に経済的にも政治的にもこの地域の発展を担ってきた日中両国は、国家間の連携を強め、持続的な発展に向けた協力をしていくことが重要になるだろう。

　具体的には、①問題意識のもとで、学者を交えて「少子高齢化社会における持続

可能な発展に向けた中日韓・アジアでの協力」をテーマに調査・研究交流を行い、中日韓の研究者、実務者の皆様の知識層の交流、意見交換を進め、緊密な協力関係を築くとともに、その成果を学習交流会・シンポジウム開催や情報伝達等を通じて広く活用していくことが必要である。アジアが迎えている高齢化の中で、数十年で積み重ねた日本の対応策づくりの経験を活用することは大変重要である。例えば、2000年から日本で「介護保険制度」が実施して以来の経験、また失敗した教訓及び認知症介護サービス、グループホーム、小規模多機能型施設、訪問介護などの専門知識はアジア諸国に対して、勉強になるものであろう。中日韓学者と実務者はここ30年来、「高齢化と社会福祉」についての情報交換、合作研究など人的交流が行ってきた。2018年1月から日本の経験知識・ありかたを参考にした中国型の介護保険制度の実施が、上海市、蘇州市、南通市、長春市、広州市、成都市など15の都市で始まった。時々の政治情勢に左右されない東アジア、ASEAN諸国の学者同士による民間交流、知的交流が非常に大きな意味を持ち、相互交流学習もその重要な一翼を担っている。②中日・アジアで互いの産業を高度化していく協力を進めることが必要であろう。高齢化問題は、社会保障の文脈では負債として取り扱われるが、同時にシルバー新産業の育成面からは資産とみなされている。実際のところ、中日両国の経済は、これまでになかった補完的部分が顕在化し始めている。中国では少子高齢化によって、ヘルスケア、介護、健康的な食などの分野における日本の設備などへの需要が増大している。日本では2015年に、急激な少子高齢化や医療技術の進歩など医療を取り巻く環境が大きく変化する中で、2035年を見据えた健康先進国への政策のビジョンとその道筋を示す「保健医療2035」が公表され、成長戦略における医療の国際展開のもと、新たな市場が中国を中心に創出される可能性がでてきている。また中国では、経済成長率が高成長から中高成長に移行しはじめている「新常態」で、経済の量的拡大よりも質の向上を重視した産業構造の高度化を図り、さらに安価な人件費に基づいた生産性から、イノベーションによる生産性の向上へと切り替えようとしているが、この分野でも両国の関係が拡大していく可能性は十分にあるだろう。日本政府は「アジア健康構想に向けた基本方針」(平成28年7月29日健康・医療戦略推進本部決定、平成30年7月25日改訂)に基づき、高齢化という変化に対応し、人々が健康に立脚した各々の人生を送ることができる社会的・経済的に活力のある健康長寿社会をアジア地域全体として実現するための取組を積極的に推進している。それは、アジア諸国・地域に大きな協力・交流テー

マだと思う。また、少子高齢化社会における社会保障制度や都市インフラの整備、自由貿易協定を含む規制緩和の促進などについても協力を強化していくことが重要であろう。

V おわりに

　中国では「一人っ子政策」などの要因で急速な高齢化が進んでおり、65歳以上の高齢者は、日本の総人口以上に1億5,831万に達しており、今後、高齢者人口は加速的に増加すると予測されている。経済成長や都市化の進行によって、従来の伝統的な家庭内での高齢者の扶養機能は低下し、また「未富先老」と称されるように、経済や社会に大きな負担をもたらしている。そこで、日本の対応策づくりの経験を活用することは重要である。アジアにおいても、同様な高齢化課題が顕在化しており、中日両国の対応が、アジアの高齢化趨勢に大きな参考・示唆になるだろう。そのため、今後の中日協力関係は、国際社会、特にアジアの繁栄や安定を担う責任をもった国家同士として、新たな協力関係を築いていくことが求められている時期にあるといえよう。

第Ⅱ部
地域の「いきがい」づくりにおける
小規模大学でできることの
一考察

プロローグ

中野　匡隆

　我が国は令和時代となり、いよいよ「人生100年」といわれるような超高齢社会が本格的となる時代に突入した。厚生労働省が発表している平均余命は15年近くも、1960年から2010年の50年間で伸びている。過去、高齢者の定義における一般的な認識は年金受給の開始される60歳または65歳であったことは周知である。しかし、現在の我が国では65歳以上を高齢者としたうえで、さらに前期高齢者（65～74歳）と後期高齢者（75歳～）とすることが定着してきている。総人口に対する65歳以上の割合を高齢化率といい、内閣府から発表された「令和元年版高齢社会白書」では2018年10月1日現在で総人口1億2,644万人に対して、高齢化率とされる65歳以上の割合が28.1%（3,558万人）、その一方で65～74歳の割合は13.9%（1,760万人）、75歳以上の割合が14.2%（1,798万人）であり、65～74歳の人口を75歳以上の人口が上回った[1]。将来的には2065（令和47）年には、約2.6人に1人が65歳以上、約3.9人に1人が75歳以上となることが推計されている[1]。その一方で、15～64歳人口は減少を続けており、7,545万人となった[1]。日本老年学会、日本老年医学会からは、このような背景から高齢者の定義を再考し、日本人高齢者が身体的に若々しいという客観的事実等から、65～74歳を准高齢者、75～89歳を高齢者、90歳以上を超高齢者とすることが提言されている。すなわち、活力ある社会を維持していくためには、元気で意欲のある高齢者が活躍するエイジフリー社会を創造していくことが必要だと述べられているのである[2]。その一方で、平均寿命が伸びても健康寿命が延びず、その差が広がり、介護される期間が伸びていることから介護予防も重要な課題となっている[3]。

　前述にあるような日本人高齢者の身体的に若々しいという客観的事実は、国民の体力・運動能力の現状を明らかにし、体育・スポーツ活動の指導と、行政上の基礎資料として広く活用されている「体力・運動能力調査」からもわかる[4]。新体力テストが1998（平成10）年度に導入されてから2017（平成29）年度で20回目の調査であり、その結果では高齢者の運動能力はほとんどの項目が向上傾向を示し、日

常的に運動・スポーツを実施している人は、暦年齢より体力年齢が若いということも確認されている[4]。また、この調査では2016（平成28）年度から追加された「達成意欲」に関する質問項目と体力・運動能力、または運動習慣との関係についての分析や「運動・スポーツのストレス解消効果」と「生活の充実度」に関する質問項目についての分析も実施されており、その結果から、「日常的に運動・スポーツを実施している人は、なんでも最後までやりとげたいと思っている」、「日常的に運動している人の多くは運動・スポーツのストレス解消効果を感じている」、「日常的に運動している人は、生活が充実していると感じる」と答えた者の割合が多く、さらに「高齢者の運動習慣、歩行能力及び生活の充実度には関連性がある」との分析結果では、日常的運動が体力に影響を及ぼし、その体力の高さが生活の充実に結びついている可能性が報告されている[4]。健康寿命とは「自立して暮らせる年数」を示すものであり、健康寿命の延伸や介護予防といった高齢者の健康づくりでは、一般的にADL（日常生活活動）によって評価されることが多い[5]。自立して暮らせる年数を減少させる加齢による体力低下は、不可避なものではなく、その多くが運動不足によると考えられ、運動やスポーツの実践が推奨されることが当たり前の時代となり、「体力・運動能力調査」の体力・運動能力、または運動習慣との関係についての分析の結果も当然ともいえる[6][7]。

しかし、種田（2019）[8]では、国民は楽しく無理なく目標を達成でき、継続しやすい健康づくり活動を求めており、このような健康づくり活動の実施を各地で促すためには、健康行動を起こしたくなるような仕掛けをあらゆる場に配置すること、その情報を様々なチャンネルを利用して広く伝達・提供すること、それによって行動を起こした住民をフォローし、継続しやすい仕組みをそれぞれの場に整備しなければならない事の重要性を述べている。この報告は、活力ある社会を形成するために運動・スポーツのもつ可能性は既に周知であるが、その行動や活動をどのように促すかの「仕掛け」と「仕組み」の整備については、いまだ不十分であると言わざるを得ないことを提言している。今後のわが国の財政状況から考えれば、行政に任せて税金を投入することで、この「仕掛け」と「仕組み」を整備することには限界があることは誰の目から見ても明らかである。

近年、グローバル（世界規模の）という言葉をよく耳にするようになったが、その一方でローカル（地域的な）の重要性も多く言われ、政府も地方創生、地域活性という標語を掲げている。そのような背景を踏まえ、地球規模の視野で物を考えつ

つ、必要に応じて地域的な視点で行動することを造語で「グローカル」という考え方が生まれた。そこで、注目したいのが社会学・政治学の分野で注目されているソーシャルキャピタルの概念である。ソーシャルキャピタルは「社会的な繋がりとそこから生まれる規範・信頼であり、効果的に協調行動へと導く社会組織の特徴」などと定義されている。このソーシャルキャピタルの概念が地域の健康づくりにおいても関心を持たれており、地域のソーシャルキャピタルの醸成が地域の健康につながると考えられている[9]。

　そこで本稿では、まず、基本的な高齢者の体力と健康を踏まえ、愛知東邦大学が名東区に唯一の大学として元気で豊かな地域社会を創出するための「いきがい」の場と機会の提供のために何ができるかを考えたい。

【注】
(1) 内閣府「令和元年版高齢社会白書」2019。
　　https://www8.cao.go.jp/kourei/whitepaper/index-w.html（アクセス日：2019/7/7）
(2) 荒井秀典「高齢者の定義について」『日本老年医学会雑誌』56（1）、2019。
(3) 厚生労働省「厚生労働統計一覧『生命表（加工統計）』」。
　　https://www.mhlw.go.jp/toukei/list/list54-57.html（アクセス日：2019/7/7）
(4) スポーツ庁「体力・運動能力調査」。
　　http://www.mext.go.jp/sports/b_menu/toukei/chousa04/tairyoku/1368148.htm（アクセス日：2019/7/7）
(5) 牧迫飛雄馬、井平光、古名丈人「健康寿命の延伸と体力の維持・向上のための理学療法」『理学療法』27（4）、2010。
(6) Fiatarone, M. A., O'Neill, E. F., Ryan, N. D., et. al., "Exercise training and nutritional supplementation for physical frailty in very elderly people," *New England Journal of Medicine*, 330（25）, 1769-1775, 1994.
(7) 辻一郎「健康寿命と介護予防」『理学療法の歩み』2004。
(8) 種田行男「運動習慣を形成・継続するための仕掛けと仕組み」『保健医療科学』58（1）、2009。
(9) 木村美也子「ソーシャル・キャピタル──公衆衛生学分野への導入と欧米における議論より」『保健医療科学』57（3）、2008。

第4章　高齢者の体力と健康

中野 匡隆

I　高齢者の体力（歩行能力）

　体力低下がある閾値を超えると自立した日常生活が困難となり介護状態となる。そのため、一般的に高齢者を対象とした運動指導では、自立して暮らすことができる状態をできる限り長く維持させることを目的とすることが多い。そこで、いくつかの体力要素のなかでも、高齢者の健康に強く関連があると考えられている筋力と持久力について述べる。

　筋力はあらゆる身体活動において不可欠なものであり、持久力は全身の筋を使った運動を長時間持続する能力のことである。筋力と持久力が低下することは、歩行能力を始めとして、ADLやQOLが低下する原因となる。一般的に筋力と持久力は加齢に伴って低下するが、適切な持久性トレーニングを実施すれば、高齢者であっても維持または改善することができることは広く知られていることである。そのため、介護予防として歩行能力に関連する部位の筋力を維持することが重要視されている。とくに近年では、いわゆる歩数計に使用される加速度計の技術進歩により、「高めの負荷の動き」と「通常の生活での負荷」を分離して記録することが可能となり、日常生活における細切れになった「高めの負荷の動き」の量に着目した研究も増えてきている。したがって、いわゆる筋力トレーニングほど高負荷ではないにしても、早歩きなど少し高めの負荷でのウォーキングの効果なども広く知られてきている。また、持久力の改善が期待される有酸素運動は、血管疾患予防、肥満改善、血糖値管理、血圧管理、認知症予防などへの効果が期待されている。したがって、高齢者では、有酸素運動の中でもとくにウォーキング（散歩などを含む）が他の運動よりも比較的に簡単に取り組めて、無理なく安全であり、特別な道具や技術、知識もほとんどいらないことから、やり始めることが容易なため推奨され、広く普及している。

いづれにしても、健康のための体力としては「歩行能力」が最も重要視されている項目の一つであることは言うまでもなく、そのための筋力、持久力の維持が目的となることが多い。

Ⅱ　転倒と体力（歩行能力）

　介護予防の観点から「寝たきり」の高齢者を減少させるためには、転倒を予防することが非常に重要である。これは、転倒の一割弱に骨折を伴うことが報告されており[1]、転倒による骨折あるいは転倒の恐怖などが要因となり、そのまま寝たきりになることが多いためである。転倒リスクは、運動機能、低栄養、口腔機能、閉じこもり、物忘れ、うつ傾向、IADL（手段的日常生活動作）、知的能動性、社会的役割との関連がみられ、特に運動機能の低下が最も大きいことが報告されている[2]。体力に関連した転倒リスクでは、筋力、バランス、歩行機能などの低下が挙げられているが、これらはトレーニングによって改善することができ、とくに歩行能力は個別の体力要素だけではなく、それらが複合される能力であることからも重要である[3][4]。このように、とくに下肢筋力の低下が転倒原因として重要視されている背景から、日本整形外科学会がロコモティブシンドローム（運動器症候群）いわゆる「ロコモ」の概念を提唱した。これは、加齢に伴う筋力低下や関節や脊椎の病気、骨粗鬆症などにより運動器の機能が衰えて、要介護や寝たきりになってしまうリスクの高い状態をロコモティブシンドロームと定義したものである。これには運動器すなわち「歩行機能」が人の健康の根幹であるという考えが背景にある。

Ⅲ　フレイルと体力（歩行能力）

　日本老年医学会によって、高齢者の筋力や身体活動量が低下している状態、いわゆる虚弱のことを「フレイル（Frailty）」と呼ぶことが提唱されている[5]。これは高齢者が介護状態になるまでの過程において、意図しない衰弱、筋力低下、身体活動量の低下、認知機能低下など健康障害を起こしやすい脆弱な状態を経ることによるためである。同様に、加齢に伴う機能低下（筋力低下）を意味する用語にサルコペニアがある。サルコペニアが筋量の減少を主体としているのに対して、フレイル（虚弱）には、移動能力、筋力、バランス、運動処理能力、認知機能、栄養状

態、持久力、身体活動量、疲労感など広範な要素が含まれている点が大きな違いである[5]。フレイルは、運動と栄養により予防できることが2,964名への5年間の追跡研究で報告されている[6]。

IV　まとめ

　第一章では、高齢者の健康における体力の重要性、とりわけ「歩行能力」の重要性を述べた。高齢者の歩行について考えるにあたり、「フレイル」と「転倒」がキーワードとなる。フレイル高齢者を早期発見するための簡便なスクリーニング方法としての歩行速度と握力測定、健康指標としての握力測定、非自立状態の発生を予測するための握力測定など、歩行速度と握力測定の有益性は多くの研究で報告されており、さらに握力測定は下肢筋力、立位バランス、応用歩行能力までを含めた全身的な体力を反映する有効なテスト方法であることが示唆されている[5][7]-[10]。したがって、高齢者の健康のための体力測定において、握力測定と歩行速度は最も実施されている測定でもあり、多くの大学や研究機関が地域住民に対し、測定を行い、データを蓄積している。今後、国内の大学の多くで近隣の住民の「握力」と「歩行速度」のデータの蓄積を始めることを期待したい。

【注】
(1) 新野直明、小坂井留美、江藤真紀「在宅高齢者における転倒の疫学」『日本老年医学会雑誌』40（5）、2003。
(2) 桝本妙子、山田陽介、山田実ら「地域在住自立高齢者における転倒リスクの関連要因とその性差　亀岡スタディ」『日本公衆衛生雑誌』62（8）、2015。
(3) 鈴木隆雄「転倒の疫学」『日本老年医学会雑誌』40（2）、2003。
(4) 古名丈人、島田裕之「高齢者の歩行と転倒——疫学的調査から」『バイオメカニズム学会誌』30（3）、2006。
(5) 荒井秀典「フレイルの意義」『日本老年医学会雑誌』51、2014。
(6) 川畑輝子、武見ゆかり、村山洋史「地域在住高齢者に対する虚弱予防教室による虚弱および食習慣の改善効果」『日本公衆衛生雑誌』62（4）、2015。
(7) Chen L. K., Liu, L. K., Woo, J., et al., "Sarcopenia in Asia: consensus report of the asian working group for sarcopenia," *Journal of the American Medical Directors Association*, 2014.
(8) 石崎達郎「長期プロジェクト研究報告書〜地域在宅高齢者の健康寿命を延長するために〜東京都老人総合研究所」2000。

⑼ 池田望、村田伸、大田尾浩ら「地域在住女性高齢者の握力と身体機能との関係」『理学療法科学』26（2）、2011。
⑽ 宮原洋八、竹下寿郎「地域高齢者における運動能力と健康寿命の関連について」『理学療法学』31（3）、2004。

第5章　人と人とのつながりの重要性

中野　匡隆

I　グループ活動の意義

　運動教室や民間のスポーツクラブに通う理由には、運動する環境としての意味だけではなく、必要な運動の方法がわからない、わかっていても1人で自力に継続することが困難であるなどの理由が考えられる。その一方で、人との交流など運動すること以外の目的をもつ場合もある。身体的な健康のための体力づくり運動のみを目的としているのであれば、前章で述べた体力と健康の関係に関する知識や、健康のための体力維持・向上のために必要な運動がどのようなものかさえ知っていれば、誰でも、いつでも、どこでも、1人でも、その運動を実施することは可能である。特に高齢者の体力維持については、特別な機器をそこまで必要とはしないことも多い。したがって、ウォーキングやストレッチ、自宅で簡単にできる自体重での筋力トレーニング等の運動は、様々なメディアで紹介されている代表的なひとりでもできる運動であろう。したがって、身体的には同様の効果が得られるのであれば、1人で実施してもグループで実施しても同じということになる。しかし、身体的な改善が健康につながることは勿論のことだが、地域のソーシャルキャピタルの醸成そのものが地域の健康につながる、あるいは些少とはいえ他者との交流の場・機会が広がることが、その人の「いきがい」など身体的な事象以外に影響を与え、それによってQOLが高まることで健康につながるということも考慮すべき重要なことであると著者は考える。

　高齢者1万9,257人を対象に運動を「1人で」行う場合と、スポーツ関係のグループやクラブといった「グループで」行う場合とで、過去1年間の転倒経験が異なるかを検証したアンケート調査では、運動を「1人で」している人と比べ、「グループで」している人で、過去1年間の転倒経験が少ないことが報告されており、転倒を防ぐ上で運動は必要なものであるが、高齢者の転倒予防には、運動をグルー

プで行う方がより良い可能性が示唆されている[1]。また、他には、教室を通じて、今まで知らなかった人と交流ができて良かった、あるいは他者との交流をきっかけに別の活動への参加が促進された事例もある。実際、著者らが実施している教室でも他教室での他者からのクチコミで参加してくれた者や、逆にこの教室で知り合って、他の活動へ参加してきたという者、あるいは笑顔でスケジュールが教室、活動、習い事、ランチなどで埋まっていることを笑顔で教えてくれる者などもいる。

また、著者らが大学生と実施した教室では、その教室で大学生と地域高齢者が顔見知りとなり、近所ですれ違ったり、公共交通機関や飲食店、スーパーや、例えば盆踊りなどの地域の行事で顔を合わせたり、あるいは大学生がアルバイトをしている所に来客したりすることもある。そして、挨拶を交わしたり、話をしたりとの交流をすることが多少なりともある。また、大学では、他の活動や取り組みでも地域の方と接触する機会がある。これらは親密なものではなく、浅い関係性ではあるが幾重にも重なることで深くはならないが地域のソーシャルキャピタルの醸成にとっては重要であると考える。また、大学進学に伴い、見知らぬ大学近隣の地域で一人暮らしをする学生にとっても良好な影響が少なからずあることも期待される。

したがって、研究での健康に関する科学的知見の発見、あるいはその情報発信によって、地域の一人ひとりの健康行動や健康意識を高めることも大学に課せられたミッションであることは言うまでもないが、地域に密着した地域で唯一の小規模大学では、前述のような地域のソーシャルキャピタルの醸成への寄与が期待されるグループ活動の拠点として人と人との交流を生み出すこと、あるいはグループ活動そのものを生み出すことが優先すべきミッションであることを提言したい。

Ⅱ　ソーシャルキャピタルの概念

幸福が人々のネットワークを介して広がるといった研究をもとに、「人と人とのつながり」が、様々な行動や健康状態に影響を与えていることが注目されている[2]。また、日本人の運動実施理由に「健康を維持するため」と「人との交流のため」があげられる[3]。著者らの活動における調査での自由記述のなかには「腰痛気味でしたが、すっかり忘れて楽しく過ごさせて頂きました。月に2回ありましたらラッキーだと存じます。大変感謝申し上げております」「とまどって足を踏み出す気分は大変良い。慣れて易しくできたときは充実した気分」「とても楽しく、

第 5 章　人と人とのつながりの重要性　　　　　　　　　　　　　　　45

和やかに過ごしています。宜しくお願いします」「間違ってもとてもたのしかった」「実に楽しい　身体を動かして　声だしていいですね」「有難うございました出来ても出来なくてもとても楽しい時間でした今後もよろしくお願いします」「簡単そうで少し難しい。次回が楽しみです！」と純粋に楽しい時間を過ごしたという書き込みが多くあった。このことは、「健康を維持するため」という活動を始めるきっかけはあったもの、活動を継続する強い要因が「人との交流のため」あるいは活動すること自体が「いきがい」となり得ることが示唆されている。さらに、そこに大学生が関わることで、地域の人と人とのつながりが作り出せるかもしれない。トランスセオレティカルモデル（TTM）で分類すると運動習慣の維持期に該当するもの割合が少ない傾向がみられる我が国では[4]、我々の活動でもみられた、少数のインフルエンサーと呼ばれる影響力のある人物が、いわゆる「クチコミ」によって情報を広め友人や知人の行動に結び付く可能性を示唆した研究と同様である[2][5]。

　したがって、クチコミはその活動を拡大する時には重要な要因である。今後、ポピュレーション介入研究を実施していくならば、個人ではなくポピュレーション（地域・集団）を研究対象とするため、目的は「まち」に健康的な行動変容を惹起させることができるかどうかを検証することである。先行研究では、「参加活動よりも地域に対する誇りや信頼度がまちづくり重要度意識との関係が深く、参加活動よりも地域をどうとらえているかということがより強くまちづくりに対する意識と結びついている」ということを報告している[6]。このことは、単純に健康教室などイベントを開催し、個人において介入前後の比較をしても「まち」が健康的な行動変容を起こしたかどうかを評価できないということである。「仕掛け」と「仕組み」を開発・整備することが求められているということであり、その「仕掛け」と「仕組み」として、ソーシャルキャピタルの概念は利用できる可能性がある。海道で進められている「ふまねっと運動」のキャンペーンには、その概念が取り入れられている。その他にも地域の健康づくりにソーシャルキャピタルの概念を導入し、「まちづくり」をしている研究は増えつつあり[7][8]、我々の活動においても十分に考慮しなければならない。

Ⅲ　著者らが現在取り組んでいる活動とその先に目指すもの

　近年では、筋力、持久力の向上を目的としたトレーニングに加えて、歩行機能に

注目した転倒予防のための運動や運動に限らず、いわゆる脳トレといわれるような活動も盛んに行われている。とくに有酸素運動やマルチタスク（複数課題）運動が認知症予防のために効果があることが期待され、マス目を使った歩行訓練や複数課題を行いながらの運動（とくに認知課題＋運動）が注目されている。具体的には、コグニサイズ、スクエアステップ、ふまねっと運動などが挙げられ、それぞれ効果が検証されている[9]-[12]。

著者ら運動プログラムとして、「ふまねっと運動」を主に実施している。ふまねっと運動は、ゆっくりとした歩行の中で唱歌や童謡などを用いて複数課題を与えるマス目を利用した歩行訓練プログラムであり、高齢者でも取り組みやすいと考えられる。また、指導側となる学生にとっても簡易的で指導しやすいという利点もある[13]。

この運動を中心に他の運動や活動も混ぜながら 2014 年より大学生とできる限り一緒に基本的には月1回1～1.5時間程度のペースで、主に2か所で実施してきた。また、年度によっては、定期の教室や単発の教室の依頼を受けて実施してきた。この教室では、体力の向上よりも楽しんで運動に取り組むことや大学生と高齢者の接触の機会となることを期待して実施した。したがって、全体を通して、楽しく笑える和やかな雰囲気を作るために「失敗しても良い」「失敗が面白い」ということを意識させるための声掛けなどを重点的に行ってきた。参加者が楽しんで運動を実施することが目的であることから、運動課題が成功したかどうかよりも、参加者が楽しめて継続したくなるかどうかを重視した。プログラム中は、「声をたくさんかける」「褒める」「笑う」「ゆっくり」「すぐに教えてしまわない」「することを強要しない」などに留意した。プログラム中は運動課題に失敗し、不安やネガティブな雰囲気や発言をしている参加者を見かけた場合は「失敗しても良い」などの声掛けをすることによってポジティブになってもらうように心掛けた。また、課題が成功した際には、成功体験の強化ができるような声掛けをすることで、さらにポジティブになってもらえるようにした。

大学生は、予定に応じて参加したりしなかったであったが、大学生が参加したときの方が教室は盛り上がる。また、参加者である高齢者も大学生が関わったときの方が、関わらないときよりも楽しいということ口にする。また、大学生がいないときなどは「今日は、学生さんは来ないのか？」など、大学生との関わりを楽しみにしている方も少なくない。

写真 5-1　軽運動教室の風景

写真 5-2　地域住民と協働での街路樹の整備

　その一方、大学生の多くは、参加すれば「楽しかった」というものの、中には全く興味を示さない学生もいる。日程を合わせるときも、優先順序は、アルバイトやプライベートの方が常に高く、場合によっては授業の一環だとしても、一回の欠席で済むならば参加しない大学生も一部いる。それに対して当然ではあるが、多少な

りとも謝金が出た場合は、参加率は上がる。また、そのようなインセンティブを考えるのであれば、それに見合った満足感が参加者に得られなければならない。そのためには、ファンづくりのために対象者である地域に対して、ファンづくり活動も必要である。そのための活動として、試験的に近隣の街路樹の整備なども実施してきた。しかし、継続的に幅広く活動するためには、具体的な「仕掛け」と「仕組み」が必要である。

Ⅳ　まとめ

　このような事業を運営する場合、「ヒト・モノ・カネ」などのマーケティングは重要である。個人の教員とその声を掛けられた大学生という個人レベルの活動として、何でもかんでも「あなたの経験のために良いから」や「単位のため」という常套句での運営では限界があり、この活動のこれ以上の拡大には限界を感じる。今後は、大学という組織レベルでトータルコーディネートしたうえで、参加者に最低限の負担の範囲で学生のインセンティブの創出が求められる。
　大学生たちにとって、高いインセンティブの得られる活動にまで昇華することができれば、とくに本学のような地域で唯一の小規模大学は、物理的にも、人財的にも地域の中心で活躍することができる可能性が高いことが考えられる。

【注】
(1) Hayashi, T., Kondo, K., Kanamori, S., Tsuji, T., Saito, M., Ochi, A., Ota, S., "Differences in Falls between Older Adult Participants in Group Exercise and Those Who Exercise Alone: A Cross-Sectional Study Using Japan Gerontological Evaluation Study (JAGES) Data," *International Journal of Environmental Research and Public Health*, 15(7), 2018.
(2) Fowler, J. H., Christakis, N. A., "Dynamic spread of happiness in a large social network: longitudinal analysis over 20 years in the Framingham Heart Study," *British Medical Journal*, 337, 2008.
(3) 笹川スポーツ財団「スポーツライフ・データ 2004 スポーツライフに関する調査報告書」2004。
(4) 岡浩一朗「中年者における運動行動の変容段階と運動セルフ・エフィカシーの関係」『日本公衛誌』50（3）、2003。
(5) Kamada, M., Kitayuguchi, J., Inoue, S., et al., "A community-wide campaign to promote physical activity in middle-aged and elderly people: a cluster randomized controlled trial," *Int J Behav Nutr Phys Act*, 10: 44, 2013.

⑹ 谷口守、松中亮治、芝池綾「ソーシャル・キャピタル形成とまちづくり意識の関連」『土木計画学研究論文集』25（2）、2008。
⑺ 芳賀博「アクションリサーチによる健康長寿のまちづくり」『日本老年医学会雑誌』49（1）、2012。
⑻ 小長谷一之、北田暁美、牛場智「まちづくりとソーシャル・キャピタル」『創造都市研究』1、2006。
⑼ 国立長寿医療研究センター「コグニサイズとは？」。
http://www.ncgg.go.jp/cgss/department/cre/cognicise.html（アクセス日：2019/7/7）
⑽ 神藤隆志、角田憲治、相馬優樹「地域在住女性高齢者のスクエアステップを中心とした運動教室参加による体力への効果の規定要因」『日本老年医学会雑誌』51（3）。
⑾ 飯田康平、村田伸、井内敏揮「二重課題が地域在住高齢者の歩行パラメータに及ぼす影響」『ヘルスプロモーション理学療法研究』6（3）：127-131、2016。
⑿ 尚和里子、北澤一利、平岡亮「大学生と地域住民の連携により生まれた介護予防運動『ふまねっと』について」『保健の科学』49、2007。
⒀ 澤田節子、肥田幸子、尚爾華「地域在住高齢者の健康維持活動支援に関する調査」『東邦学誌』44（2）、2015。

第6章　「いきがい」の創出に関する一考察
中野　匡隆

I　いきがいの重要性

　健康に対する運動・スポーツの有用性は、現代では一般的であり、また本稿でも前述した。健康に対する運動・スポーツの有用性を報告した研究は多くあるが、それをいかにして広く普及するかに着目した研究は未だ少ない。今までの研究では、アウトカムとして、健康教室などによる運動・スポーツ介入の場合は体力の評価が多く、行政では要介護認定者数や健康寿命、介護給付額などが用いられている。活力ある地域社会を創造するための目標として「生きがい」を挙げることが多い。
　2013（平成25）年に内閣府は「高齢者の地域社会への参加に関する意識調査（平成25年）」を実施し、報告している[1]。そのなかで、「どの程度生きがい（喜びや楽しみ）を感じているか」の項目について、生きがいを「感じている」（「十分感じている」と「多少感じている」の合計）と回答した者が全体の約8割である（表6-1）。しかし、時系列でみると、生きがいを「感じている」と回答した者は減少傾向がみられ、年齢層別に時系列でみると、60歳代と70歳代では生きがいを「感じている」と回答した者が減少傾向だが、80代以上では増加傾向がみられる（表6-2）。この報告では、生きがいを感じるときは、「孫など家族との団らんの時」（48.8%）が最も多い。また、男女別に比較すると、女性は男性に比べ「孫など家族との団らんの時」（55.4%）、「友人や知人と食事、雑談をしている時」（50.9%）、「おいしい物を食べている時」（44.4%）に生きがいを感じている。また、男性は女性に比べ「趣味やスポーツに熱中している時」（49.0%）に生きがいを感じているという結果も報告されている。さらに、「あなたは、個人または友人と、あるいはグループや団体で自主的に行われている次のような活動を行いたい、または参加したいと思いますか」という調査に対しては、「何らかの活動に参加したい」と思っている者は、約7割（72.5%）となっており、とくに「健康・スポーツ」（44.7%）へ参加したいと思って

第 6 章 「いきがい」の創出に関する一考察　　51

表 6-1　生きがいを感じる人の割合

	1998 年 (n=2,303)	2003 年 (n=2,860)	2008 年 (n=3,293)	2013 年 (n=1,999)
十分感じている	41.8	39.5	44.2	38.5
多少感じている	43.3	42.2	38.3	40.7
あまり感じていない	12.5	14.0	14.2	16.4
まったく感じていない	1.5	2.9	2.7	3.9
分からない	0.9	1.5	0.6	0.5

(出所) 内閣府「高齢社会対策に関する調査」2013 より作成
https://www8.cao.go.jp/kourei/ishiki/kenkyu.html（アクセス日：2019/7/7）

表 6-2　生きがいを感じる人の割合

	60 歳代	70 歳代	80 歳代
十分感じている	38.5	39.3	36.6
多少感じている	42.4	38.6	40.7
あまり感じていない	14.9	17.3	18.6
まったく感じていない	3.9	4.2	3.4
分からない	0.3	0.7	0.7

(出所) 表 6-1 と同じ

いる者の割合が最も多い（図 6-1）。また、活動に参加したものの満足度（「大変満足」と「満足」の合計）でも、「健康・スポーツ」（92.3％）が最も高く、次いで「趣味」（91.6％）が高い。そして、「健康・スポーツ」は年々増加傾向にある。

これらのことより、愛知東邦大学のようなローカルな大学において、地域高齢者に対して運動・スポーツなどを通じた「いきがい」を創出することは、重要なことである。

そこで、今後、愛知東邦大学を中心とした名東区において、地域のいきがいづくりに寄与するための予備調査として、既に先行研究によって実用性が示されている生きがいの指標を簡便に測定する尺度である「生きがい意識尺度（Ikigai-9）」を用いたアンケート調査を実施した[2]。

Ikigai-9 では、生きがい意識を「現状の生活・人生に対する楽天的・肯定的感情と、未来への積極的・肯定的態度、および、社会との関係における自己存在の意味の肯定的意識から構成される意識である」と定義している。Ikigai-9 を構成して

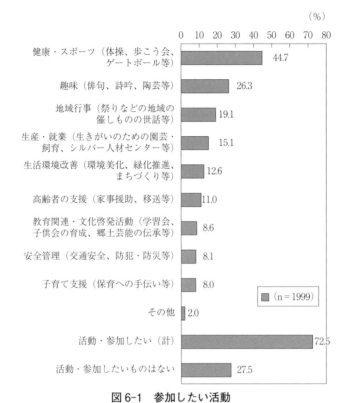

図 6-1　参加したい活動
(出所)　内閣府「高齢社会対策に関する調査」2013 より引用
https://www8.cao.go.jp/kourei/ishiki/kenkyu.html（アクセス日：2019/7/7）

いる9項目を表6-3に示す。下位尺度Ⅰは「生活・人生に対する楽天的・肯定的感情」、下位尺度Ⅱは「未来に対する積極的・肯定的姿勢」、下位尺度Ⅲは「自己の存在の意味の認識」である。回答は5件法（5.とてもあてはまる〜1.ほとんどあてはまらない）で求め、各素点を合計して総得点（9〜45点）とする。得点が高いほど、生きがい意識が良好であること、すなわち、現状の生活・人生に対して楽観的で肯定的な感情を感じているということ、自分の未来に対して積極的で肯定的な態度が持てているということ、社会との関係において自分の存在を肯定的に認識していることを意味している。また、各下位尺度についても、3項目を合計して得点を求めた（3〜15点）。

表6-3　Ikigai-9 を構成している 9 項目

```
(1) 自分は幸せだと感じることが多い　　（Ⅰ）
(2) 何か新しいことを学んだり、始めたいと思う　　（Ⅱ）
(3) 自分は何か他人や社会のために役立っていると思う　　（Ⅲ）
(4) こころにゆとりがある　　（Ⅰ）
(5) 色々なものに興味がある　　（Ⅱ）
(6) 自分の存在は、何かや、誰かのために必要だと思う　　（Ⅲ）
(7) 生活が豊かに充実している　　（Ⅰ）
(8) 自分の可能性を伸ばしたい　　（Ⅱ）
(9) 自分は誰かに影響を与えていると思う　　（Ⅲ）
```

（出所）長久、西芳、今井 忠則「生きがい意識尺度（Ikigai-9）の信頼性と妥当性の検討」『日本公衆衛生雑誌』59 巻 7 号、2012 より改変

Ⅱ　いきがい意識の調査【紅葉狩り in 愛知カンツリー倶楽部】

　2016 年 10 月 31 日に愛知カンツリー倶楽部にて開催された紅葉狩りに参加した地域高齢者を調査対象とした。この紅葉狩りは、名東区の老人クラブのイベントで、およそ 300 ～ 400 名ほどの高齢者でにぎわう。そこへ愛知東邦大学の学生とともに参加し、来場された高齢者の方々に声をかけ、口頭で「生きがい意識尺度（Ikigai-9）」を用いたアンケート調査の趣旨の説明やご協力のお願いをした。その結果、180 名からアンケート調査を回収することができた。そのうち、記入漏れ等のあったものを除外し、有効回答は 159 名（男性 70 名、女性 89 名）であった。有効回答は 159 名の年齢は 76.2 ± 6.5 歳（平均 ± SD）であった。年代別では、64 歳以下が 6 名、65 歳以上 75 歳未満が 51 名、75 歳以上 90 歳未満が 98 名、90 歳以上が 4 名であった。また、今回のアンケートでは、「週一回以上の運動の有無」と「週一回以上の習い事や集会などへの参加の有無」を調査し、それらの活動と「生きがい意識尺度（Ikigai-9）」の関係を検討することとした。調査結果とその考察を以下に示す。

　名東区は藤が丘、高針、西山、名東、香流、猪子石、梅森坂、本郷、貴船、極楽、上社、豊が丘、引山、平和が丘、前山、北一社、牧の原、猪高、蓬来の地区で区分することができる（図6-2）。今回、調査を実施した愛知カンツリー倶楽部は前山地区にある広大なゴルフ場である。したがって、参加者の全員を調査できたわけではなかったが、地理的に近隣に居住している高齢者の割合が多かったようだ（表6-4）。この傾向からも、高齢者の参加を狙ったイベントなどは、その立地的要因を

図6-2 名東区の地図

表6-4 調査対象者のお住まいの学区

西山	14	上社	6
香流	4	北一社	3
貴船	33	猪高	0
平和が丘	5	蓬来	0
名東	5	豊が丘	0
猪子石	0	牧の原	2
極楽	13	藤が丘	10
前山	14	本郷	0
高針	32	引山	0
梅森坂	10	その他	8

十分に考慮する必要があることがわかる。その場合、地理的距離と公共交通機関等の利便性からみた時間的アクセスのしやすさも考慮する必要があるだろう。また、今回のイベントは愛知カンツリー倶楽部で開催される年に2回のイベントである春の「お花見会」と秋の「紅葉狩り」のうちのひとつであり、これらのイベントでは、ホールのフェアウェイを開放してティーグラウンドをステージに様々な活動団体が普段の活動の成果を披露したり、大道芸人などの催しがあったりするイベントである。ゆえに、各地区の活動団体は、複数名で参加していることが推察される。今回の調査では、舞台披露をしていた高齢者にはあまり多く声をかけることはできていなかったので結果には反映されていないことが考えられるが、そのような一緒に活動する仲間の存在は高齢者の活動を後押しする重要な要因であることが考えられる。

今回の調査における「生きがい意識尺度（Ikigai-9）」の総得点は34.5 ± 6.0点であった。また、下位尺度Ⅰ「生活・人生に対する楽天的・肯定的感情」の得点は12.2 ± 2.2、下位尺度Ⅱ「未来に対する積極的・肯定的姿勢」の得点は11.6 ± 2.6、下位尺度Ⅲ「自己の存在の意味の認識」の得点は10.8 ± 2.5であった。この3つの下位尺度について、多重比較（ボンフェローニ）を行ったところ、すべての群間で

有意差を認めた（p<0.05）。今回の調査対象者において、下位尺度Ⅲ「自己の存在の意味の認識」において比較的低い得点を示すことが明らかとなった。また、各項目における各得点の人数分布を表6-5に示す。この分布からも前述と同様に、下位尺度Ⅲ「自己の存在の意味の認識」の得点率が低い傾向がわかる。

　また、「生きがい意識尺度（Ikigai-9）」の総得点、下位尺度Ⅰ「生活・人生に対する楽天的・肯定的感情」、下位尺度Ⅱ「未来に対する積極的・肯定的姿勢」、下位尺度Ⅲ「自己の存在の意味の認識」のそれぞれを性別、年齢、週一回以上の運動の有無、週一回以上の習い事や集会などへの参加の有無について、それぞれ2群間の比較を行った。

　男性（70名）と女性（89名）の比較から、生きがいの性差について有意差は認められなかった。このことは先行研究による35歳から74歳を対象とした調査でも性差がみられていないことから[3]、本研究の結果には一定の妥当性があると考える。しかし、60歳以上の高齢者を対象として女性で生きがい得点が高いという報告もある[4]。これらの先行研究で使用されている生きがいの調査方法と今回の調査方法では、その方法に大きな差異があり、また目的や対象も全く異なる。また、今回の調査では、最も若い者で59歳と先行研究と年代の幅が異なることから今後も慎重に検討していく必要がある。

　年代別の比較では、64歳以下、65歳以上75歳未満、75歳以上90歳未満、90歳以上の区分では、64歳以下および90歳以上の人数が極端に少ないため、全体を75歳未満と75歳以上の2群に分けて比較した。その結果、どの尺度にも有意差は認められなかった。

　「週一回以上の運動の有り群（n=128）」と「週一回以上の運動の無し群（n=31）」との比較（t-test）では、総得点に有意差が認められ（p<0.05）、さらに下位尺度Ⅰ「生活・人生に対する楽天的・肯定的感情」、下位尺度Ⅲ「自己の存在の意味の認識」にも有意差が認められた（p<0.05）。しかし、下位尺度Ⅱ「未来に対する積極的・肯定的姿勢」には有意差は認められなかった（表6-6）。

　「週一回以上の習い事や集会などへの参加の有り群（n=117）」と「週一回以上の習い事や集会などへの参加の無し群（n=42）」との比較（t-test）では、総得点に有意差が認められ（p<0.05）、さらに、下位尺度Ⅱ「未来に対する積極的・肯定的姿勢」、下位尺度Ⅲ「自己の存在の意味の認識」にも有意差が認められた（p<0.05）。しかし、下位尺度Ⅰ「生活・人生に対する楽天的・肯定的感情」には有意差は認め

表6-5 生きがい意識得点の分布と平均得点

n=159			5点	4点	3点	2点	1点	平均±SD
生活・人生に対する楽天的・肯定的感情	①	自分は幸せだと感じることが多い	71	63	21	4	0	4.3 ± 0.8
	②	こころにゆとりがある	47	64	34	13	1	3.9 ± 0.9
	③	生活が豊かに充実している	53	65	36	4	1	4.0 ± 0.8
未来に対する積極的・肯定的姿勢	④	何か新しいことを学んだり、始めたいと思う	46	52	34	19	8	3.7 ± 1.2
	⑤	いろいろなものに興味がある	72	60	19	5	3	4.2 ± 0.9
	⑥	自分の可能性を伸ばしたい	40	54	41	21	3	3.7 ± 1.1
自己の存在の意味の認識	⑦	自分は何か他人や社会のために役立っていると思う	32	46	49	25	7	3.4 ± 1.1
	⑧	自分の存在は「何か」や「誰か」のために必要だと思う	42	55	47	11	4	3.8 ± 1.0
	⑨	自分は誰かに影響を与えていると思う	34	50	54	15	6	3.6 ± 1.0

表6-6 週一回以上の運動の有無が「生きがい」に与える影響

n=159	あり	なし
総得点	35.3 ± 5.6	31.6 ± 6.8 *
生活・人生に対する楽天的・肯定的感情	12.3 ± 2.2	11.8 ± 2.3 *
未来に対する積極的・肯定的姿勢	11.9 ± 2.4	10.3 ± 3.4
自己の存在の意味の認識	11.1 ± 2.5	9.5 ± 2.3 *

(注) * : $p<0.05$

表6-7 週一回以上の習い事や集会などへの参加の有無が「生きがい」に与える影響

n=159	あり	なし
総得点	35.6 ± 5.4	31.5 ± 6.4 *
生活・人生に対する楽天的・肯定的感情	12.4 ± 2.0	11.7 ± 2.6
未来に対する積極的・肯定的姿勢	12.1 ± 2.4	10.2 ± 2.8 *
自己の存在の意味の認識	11.2 ± 2.3	9.6 ± 2.6 *

(注) * : $p<0.05$

られなかった（表6-7）。

　今回の調査では、「週一回以上の運動の有り群」と「週一回以上の習い事や集会などへの参加の有り群」でそれぞれの無し群よりも生きがい意識が良好であることが確認された。これは、内閣府の報告[1]などとも一致する。このことは多くの先行研究のみならず、既に一般化しはじめているということであろう。

　ここで注目したいことは、まず今回の調査は、自らか誘われてかは不明ではあるが「紅葉狩り」というイベントに参加した高齢者を対象としているということである。すなわち、普段からこのような行事に参加をしていて、積極性が高く、行動力があり、生きがい意識が高い高齢者が多かった可能性が否定できない。しかし、このようなバイアスのある調査にもかかわらず、「週一回以上の運動の有無」と「週一回以上の習い事や集会などへの参加の有無」で生きがい意識尺度の得点に有意差がみられたことは非常に興味深い。「紅葉狩り」あるいは「お花見会」は年に数回しかないイベントであり、日常で定期的に行う活動とは異なるのかもしれない。今後は、「週一回以上の運動の有無」というような調査ではなく、「週何回の実施、参加があるか」というような頻度も調査していく必要がある。また、今回、運動に関しては、一人で実施するのか複数で実施するのか、どこかの施設や教室へ参加するのか等の詳細な調査はしていない。生きがい意識の高低には、人とのつながりは欠くことのできない要因である可能性は高い。したがって、今後は、運動等の活動において、頻度や、メンバー、場所、種類、動機なども調査していくことが望まれる。今後、愛知東邦大学で実施する活動内容の選択にはそのようなデータがあれば、非常に有益であることが想定される。

　もうひとつ注目したいことは、全体としても「自己の存在の意味の認識」の得点が低い傾向にあり、さらに運動や活動への参加がない高齢者は、とくに低い得点となっている。このことは、定年退職や核家族化などの高齢になるにつれて社会的居場所が減少していくことによる影響が考えられる。著者の運動教室運営の経験からも、著者（大学教員）がひとりで運営した会と学生が参加した会では、運動内容の如何を問わず、参加高齢者の満足度が目に見えて違うことを感じ取っている。また、継続的に関わりを持つことのできた学生が存在する地域高齢者のグループでは、お茶会などお菓子やお茶をいただきながらのおしゃべりを希望する声も上がる。そして、実際にそのような会を開催すると運動教室以上に生き生きとした地域高齢者を目の当たりにする。先行研究は、高齢者の生活状態である暮らし向きや健

康状態が高齢者の主観的幸福感に影響を与え、孫の存在により高齢者の主観的幸福感も高まる可能性を報告している[5]。前者の生活状態である暮らし向きは、運動教室やイベントの開催あるいは、民間のスポーツジムなどでも寄与することができるが、後者の孫の存在により主観的幸福感を向上させることは難しい。さらに先行研究では、「近くの小学校の子供たち」でも同様であるのか否かを検討する余地があると述べている[5]。孫との関係は家族内の問題であり、また加齢とともに孫も成長してしまうが、高齢者と地域の学校との関係は継続性があり、高齢者が小学生相手に様々なことを教えたり、地域での活動を共有する機会を提供したりすることは、社会全体で考えていくべき取り組みであるとも述べている[5]。近年の超高齢社会では、年齢的には大学生であっても孫のようなものであることが多くなる。その一方で、大学の全入時代以前の世代からみれば、大学生は小中高生とは異なり、専門的なことを学んでいる学生としてみられている。とくに、愛知東邦大学人間健康学部のように「運動」、「体力」、「健康」、「体育」、「スポーツ」を扱う学部の学生は、その学んでいる情報が、高齢者が得たいと考えている情報と重なる部分も広く、地域向けの教室などを開催することを考えるうえで非常に相性が良い。したがって、大学がある地域においては、小学校に限らず、中学校、高校さらには大学も含め、上手に連携し、社会全体で考えていくべき事業方法が多くあると著者は考える。

Ⅲ 地域グループとの協同活動
【お花見会 or 紅葉狩り in 愛知カンツリー倶楽部】

　名東区では、老人クラブのイベントとして、毎年2回、春の「お花見会」と秋の「紅葉狩り」を実施している。会場は、当日開放される愛知カンツリー倶楽部（ゴルフ場）のフェアウェイであり、ティーグラウンドをステージに様々な活動団体が普段の活動の成果を披露したり、大道芸人などの催しがあったりするイベントである。このイベントは、およそ300～400名ほどの高齢者でにぎわう。
　この活動グループの披露の中に、愛知東邦大学がある平和が丘地区の高齢者グループによる、毎回恒例の「いきいき体操」というものがある（このグループは毎月の軽運動教室にも参加している）。これは、平和が丘地区の高齢者グループが舞台上でリーダーとなり、「いきいき体操」と「わくわく体操」といわれる体操を会場

第 6 章 「いきがい」の創出に関する一考察　　　　　　　　　　59

写真 6-1　地域グループとの協同活動

の皆さんに実施してもらうという体験型の発表である。これに一緒に参加し、舞台上で一緒にリーダーをやってもらえないか、というお誘いを毎回いただいている。とくに学生達の参加を強く望んでいる。これは、地域グループとの協同活動としても活用すべき事案であり、また他の参加者に対して発表側として参加し、学生たちが様々なアピールをする絶好の機会である。しかし、前期・後期履修ガイダンスと重なりやすい時期のため、日程が合えば、参加させていただいている状況である。

　さらに、大学生は参加している高齢者からみれば、孫のような存在であり、大学生たちの存在がイベントの彩りを増させるように感じる。その一方で、大学生にとっては「良くも悪くも」地域住民の皆様にもてはやされる絶好の機会でもある。実際、舞台上で地域グループとの協同活動として一緒にリーダーをすること以外に、普段、愛知東邦大学で実施している教室のチラシ配布も実施した。そこでは、色々な話題でお話をしたり、お酌を受けたりなどの学生と高齢者との間の異世代コミュニケーションが生まれていた。これらのことは、両者の自己の存在の意味の認識に良好な効果を与える可能性が十分に考えられる。しかしながら、不定期参加では信頼関係の構築も難しく、また中途半端な参加では反ってネガティブキャンペーンになりかねない。今後は、組織として学生たちが参加しやすい「仕掛け」と「仕組み」を考え、ただ参加するのではなく、大学内での意味づけ、学生たちの 4 年間の学び・活動の中での意味づけをしっかり創出したうえでトータルにコーディネートされた事業の中のひとつになるように個人レベルではなく、組織レベルでの活動が重要であると考える。

写真 6-2 地域イベントでの活動

Ⅳ 運動以外の活動の重要性

　近年、幸福が人々のネットワークを介して広がるといった研究をもとに、「人と人とのつながり」が、様々な行動や健康状態に影響を与えていることが注目されている。人の幸せは、関係している人の幸せにかかっており、健康のような幸福を集団現象としてとらえることの正当性が報告されている[6]。運動実施の理由には「健康を維持するため」と「人との交流のため」があげられる[7]。このことは、「健康を維持するため」という活動を始めるきっかけはあったものの、活動を継続する強

い要因が「人との交流のため」あるいは活動すること自体が「いきがい」となりつつあることが考えられる。継続的な運動習慣をもたない者も地域には一定数いる。そのなかには、運動やスポーツが不得手な者や運動プログラムの効果は継続しなければ実感することが難しく、定期的な習慣になる前に辞めてしまうことも少なくない。したがって、運動を継続してもらうためには、効果は実感できずとも活動そのものが楽しくて継続したいと思わせる、あるいは負担感なく手軽にできる環境など「仕掛け」と「仕組み」が必要であると考えられる[8]。以上のことから、今後、検討が必要になる考え方に、「健康を維持するための運動きっかけで人との交流が促進する、あるいは目的化する」タイプと「人との交流が目的だったが、その活動がきっかけとなり、健康を維持するための運動を始める、そして継続する」タイプがあることを著者は強調したい。いずれの場合でも、「人との交流」が重要な要因である。我々が運動指導を実施している教室でもプログラムの参加者は、いわゆる「クチコミ」によって情報を得て参加した者も多く、「人と人とのつながり」の構築には欠かせない要因となる。もし、地域のソーシャルキャピタルの醸成そのものが、運動・スポーツとは独立して、地域の健康につながると考えられるならば、地域住民の交流の場・機会の提供数や規模に重点を置くべきであり、それはなるべく敷居の低く参加しやすいことが必要である。そのためには、先行研究にもあるように多チャンネルによる接触によるきっかけづくり、そこからのフォローアップの環境と仕組みが必要である。

　著者と大学生たち地域の高齢者との活動の中にも、そのヒントとなるものはある。例えば、お茶会などである。実施するゲームや会場の設営、お菓子やジュースを買い、クリスマス会などを大学生に任せ、実施したことがある。そうすると、買ってくるお菓子やジュースについて、高齢者の皆さんは何を好むだろうか、ゲームの内容や題材も何が良いだろうか、と生き生きと活動していた。実際には、それ以上に世代間の差、いわゆるジェネレーションギャップはあったが、両者ともそれはそれで楽しんでおり、参加した高齢者も満足していた。そのほかにも過去には、スマホ教室なども開催したことがあり、運動・スポーツ以外にも学生も実施しやすく、高齢者も参加しやすい、あるいは自主的にも実施しやすく、地域のソーシャルキャピタルの醸成することの一助となるものがあると考える。

写真 6-3　地域高齢者とクリスマス会

　また、多チャンネルという意味では、麻雀、カラオケなどによる介入も多数実施されており[9]、運動・スポーツにこだわる必要もなく、多チャンネルとして提供するものは全てが健康のための活動である必要はないかもしれないと考える。まずは、「人と人とのつながり」から幸福が人々のネットワークを介して広がることを期待する方策を練り、その機会を通じて健康意識を高めるための情報を提供するという方策が望ましい。それにより、一人ひとりが自ら健康行動を少しでも実施することが地域全体としての健康につながる。そこから、健康教室など重点的な活動へ移行するものが増えることが期待される。しかし、従来型の健康教室のような健康推進のみを単独で継続しても、中規模都市での人口に対するカバー率は高くならず、負担の割に非効率的だと言わざるを得ない。したがって、理想から言えば、健康意識の高まりから数多くの個人的活動や自主グループが生まれることが望まし

い。
　単純に健康教室などイベントを開催し、個人において介入前後の比較をしても「まち」が健康的な行動変容を起こしたかどうかを評価できない。「まち」全体の健康的な行動変容のためには、地域の活動あるいは地域のイベントという「仕掛け」と「仕組み」を開発・整備することが求められる[8]。地域唯一の大学にとって、それは取り組むべき、重要な課題である。

V　まとめ

　名古屋市名東区在住の高齢者159名に「生きがい意識」を調査した、その結果、「自己の存在の意味の認識」に関して、他の下位尺度より比較的に低値であった。このことは、名東区在住においては、「自分は何か他人や社会のために役立っていると思う」、「自分の存在は『何か』や『誰か』のために必要だと思う」、「自分は誰かに影響を与えていると思う」といった社会への関わり、社会参加、社会貢献に対して、十分な満足感が得られていない可能性がある。著者と大学生が実施した地域住民と協働での街路樹整備も、自分たちだけでは実施することができないという相談から始まったものであった。社会への関わり、社会参加、社会貢献をしたくても、ハードルがある高齢者も少なくない。例えば、地域の自治会の役職などに就いて、活発に活動したり、ボランティア活動に参加したりできればよいかもしれない。あるいは、アルバイトなどの雇用の機会があれば良いが、難しい高齢者も多い。機会が少なくても学生と一緒に何らかの協働作業をすることで楽しく、ハードルが低く若者と関わることができ、その結果として「自己の存在の意味の認識」が改善するかもしれない。その際に、健康のためだからといって運動的な活動を選択する必要はなく、できる限り参加のしやすいもので十分なのかもしれない。

VI　おわりに

　本章では、健康に生きるための体力の維持のための基礎的な知見を紹介した。適切な運動・スポーツを実施するためには自らの体力の現状を知ることや体力に関する正しい知識を身につけ適切な運動・スポーツを実施することが大切である。また、フレイル状態に陥らないためには普段から活動的であることも重要であると言

えよう。しかし、高齢者においては、様々な社会的背景により閉じこもってしまい、活発な生活を送れないこともあるであろう。その対策については社会全体（地域）で取り組まなければならない課題である。

　また、実際に実施した活動としてふまねっと運動も紹介した。課題として、月一回では身体機能の改善や維持はされない点や、このような参加者募集形式では、健康に興味のある高齢者や通えるだけの「ふつう」の体力がある高齢者が参加する傾向にある点がある。これらを考慮して、体力が低く自ら参加することを選択しにくい高齢者や健康への興味が希薄な高齢者にどのようなアプローチをしていくかが、街全体の介護予防を目指していくための鍵である。そのためには体力改善を目的としたプログラムや運動習慣がない高齢者のための特別なアプローチが必要かもしれない。

　健康のための運動・スポーツというのは、何を実施するかよりもどのように実施させるか、継続させるかの方がより重要であり、難しい課題であると考えられる。社会全体（地域）が運動・スポーツを取り組みやすい環境であることが望まれる。

【注】
(1) 内閣府「高齢社会対策に関する調査」2013。
　　https://www8.cao.go.jp/kourei/ishiki/kenkyu.html（アクセス日：2019/7/7）
(2) 長久、西芳、今井忠則「生きがい意識尺度（Ikigai-9）の信頼性と妥当性の検討」『日本公衆衛生雑誌』59（7）、2012。
(3) 西村純「サラリーマンの生きがいの構造、年齢差および性差の検討」『東京家政大学研究紀要』45（1）、2005。
(4) 近藤勉、鎌田次郎「高齢者の生きがい感に影響する性別と年代からみた要因——都市の老人福祉センター高齢者を対象として」『老年精神医学雑誌』15（11）、2004。
(5) 中村辰哉、浜翔太郎、後藤正幸「孫との関係に着目した高齢者の主観的幸福感に関する研究」『武蔵工業大学環境情報学部情報メディアセンタージャーナル』8、2007。
(6) Fowler, J. H., Christakis, N. A., "Dynamic spread of happiness in a large social network: longitudinal analysis over 20 years in the Framingham Heart Study," *British Medical Journal*, 337, 2008.
(7) 笹川スポーツ財団「スポーツライフ・データ2004 スポーツライフに関する調査報告書」2004。
(8) 種田行男「運動習慣を形成・継続するための仕掛けと仕組み」『保健医療科学』58（1）、2009。
(9) 堤惠理子、大屋友紀子、床島絵美、堀江淳、堀川悦夫「健康マージャン教室は高齢者の心とからだの健康づくりの起爆剤となりうるか？——地域在住高齢者の余暇活動のひとつである健康マージャンに着目して」『西九州リハビリテーション研究』4、2011。

第Ⅲ部

社会福祉とケア

第7章　レジデンシャル・ケアのメタ・クリティーク
―社会福祉学の知識Ⅳ―

丸岡　利則

Ⅰ　はじめに

　本稿は、高齢者の施設ケア（以下、「レジデンシャル・ケア」という。）をクリティークの対象にしながら、これまでの一連の「社会福祉学の知識」論文の第Ⅳ版として、また「レジデンシャル・ケアの再構成―施設ケアの機能と構造―」論文（以下、「施設ケア論文」という。）（丸岡 2012）の改訂版として位置づけるものである。そして、本稿の基本ストーリーは、クリティークからメタ・クリティーク[1]の段階を経て、その過程のなかでレジデンシャル・ケア論から「社会福祉学の知識」の構築との関連性を探求するものである。

　レジデンシャル・ケア論を展開する前に、それと関連する用語の使用方法を以下のように整理した。高齢者の「施設ケア」を「レジデンシャル・ケア」[2]と置き換えた理由は、老人ホーム、高齢者施設、レジデンシャル・ソーシャルワークなどと呼称される高齢者入居施設における専門的な活動内容（特にケア）について、改めて学問的な意味を持たせたいと考えたからである。つまり、これまでの現実の「施設ケア＝老人ホームの介護福祉」という用語が持っているイメージを払拭するために、あえて「レジデンシャル・ケア」を用いた。

　そしてレジデンシャル・ケアという知識の全体像を検討するために、次の3つの方向からクリティークを試みた。それは、これまでの常識的な老人ホーム論にはない水準での新たな地平を切り開くためである。

　1つは、レジデンシャル・ケアの機能と構造の再構成であり、それを捉える視点と文脈の再配置である。

　特に老人ホームの中でのレジデンシャル・ケア概念の考察である。それは、施設ケア論文では追求しなかった概念規定を中心に「機能と構造」を第3節で整理した。特に、概念規定に関しては、施設ケア論文の「高齢者の社会福祉施設（以下で

第 7 章　レジデンシャル・ケアのメタ・クリティーク　　　67

は、『老人ホーム』と記述するが、具体的には、『特別養護老人ホーム』を対象としている。）における『施設ケア』（Residential care）と呼ばれる概念について、身体的なケアを中心とする『ケア（介護）』（Care）という要素だけではないという点にある。むしろ他の要素であるところの『コントロール』（Control）や『アコモデーション（居住施設）』（Accommodation）という機能との関連を示し、それらが一体となったケアの全体像を探るものである。」（丸岡 2012：54）としたものを第 6 節で検討した。

　2 つは、レジデンシャル・ケアにおける家族ケアとの関係を明らかにすることである。

　地域にある家族のもとからレジデンシャル・ケアへの入居という意味は、「積極的対応（a positive response）」か、ケアの「責任転嫁（the transfer of responsibility for caring）」なのか、それとも入居は家族の生活よりも「劣等であってよい（to be inferior to life in a family）」ということなのか。このように入居に関する「家族とレジデンシャル・ケア」は、ジレンマとなるものである（Davis, A. 1981：23）。まさに「そういう時、家族とレジデンシャル・ケアの関係は、矛盾だらけのものとなる」（Davis, A. 1981：24）。

　そして、家族の中で高齢者に彼らがしているようなケア（家族ケア）と施設で行うレジデンシャル・ケアの比較から関係を整理することにある。それは、家族代替機能、家族補足機能を中心にレジデンシャル・ケアへの適合性と、それぞれの課題を第 4 節で提案に移し替えるものである。

　3 つは、レジデンシャル・ケアの共同生活における入居者の人間関係に焦点を置いている。そして、これまでにはなかったレジデンシャル・ケアにおける人間関係論についてクリティークとそれに加えてオルタナティブを第 5 節で提示した。それは、共同生活の中での規制関係から協働関係へとつながる共同体験のレジデンシャル・ケアのあり方を模索したものである。

　同時に、これまでの「社会福祉学の知識」論文の使命は、クリティーク（批判）を超えて、さらに概念装置として、より高次のメタ・クリティークによる展開から、オルタナティブを提示することである。

　メタ・クリティークは、もともと学問の方法のことである。学問の世界にある構築された知識像を解体し、批判することである。社会学で言うと、「知的な営みには、常識の上に立つ方向性と常識の下に潜る方向性とふたつある」が、前者が「常

識的な知や世界観を前提にしたうえで、その上に立脚し、論理的に厳密化していく作業」で後者の方が、メタ・クリティークに似ている。それは、「常識的な知の自明性を問い、その基本的な前提そのものを常に破壊するというベクトルをもっている」（大澤 1993：28）ということである。

その意味で本稿では、レジデンシャル・ケアの自明性を問い、本稿の随所で非常識なクリティークを繰り返しながら、それを超えてメタ・クリティークを提示するものである。

II　レジデンシャル・ケアの論点

1　社会福祉の問題

社会福祉という人間の活動は、人間が持っている生活困窮を現実的、個別的に解決することを意図している。社会福祉に解決がゆだねられている生活困窮とは、所得保障や医療の給付、または住宅の斡旋給付などによっては解決できない種類のものである。

ここで「現実的に解決する」とは、単に解決の可能性をつくるというのではなく、対象とした生活の現状がそれ以前よりも「よりよい」ものに変わることを言う。また、「個別的に解決する」とは、現に生活困窮を経験している個人に働きかける過程を通じて解決することを言う（船曳 1993：101）。

そして、このような社会福祉の活動は、法制度化されたものである。この制度の要点は、高齢者や障害者、または児童などの生活困窮に陥りやすい人々（以下、「バルネラブル（vulnerable）な人々」という。）が、①実際に生活困窮に遭遇した時に提供されるべきサービスまたは便宜の種類とそれを作る方法、そして、②これらの事業のいわば製品であるサービスまたは便宜を必要とする人々に配分する仕方の規定をしているのである。

これを踏まえて、わが国の社会福祉の現実を見ると、クリティークは２つに区分できるだろう。

１つは、制度化した種類のサービスや便宜でバルネラブルな人々の生活困窮が「本当に」解決されているのかという問題である。

２つは、急激に増加する必要量に応えるために事業量が増えているのか、配分の仕方をどうすればいいのかという問題である。

以上の1を社会福祉問題、2を社会福祉管理問題と区分する。

　この区分は、別の言い方では、社会福祉問題が生活困窮に陥りやすい人々に対してどんな社会福祉的サービスと便宜があるのかという問いであり、社会福祉管理問題とは、社会福祉問題の回答を踏まえて、サービスなり便宜なりを国が国民に個々にどう保障するのかという問いで、それぞれに回答の方法が違うものである。

　社会福祉管理問題は、わが国では広く、強く意識される社会問題である。高齢者福祉の領域での回答は、老人福祉計画、介護保険、ケアマネジメントになると考えられる。また、この種の問いへの科学的・技術的回答を課題とする営みは、米語では、policy analysis と planning であり、英語では、social administration と表現されるものと重なるだろう。

　とりあえず本稿では、この社会福祉管理問題の領域は扱わない。

2　地域福祉の理念

　社会福祉問題は、高齢者福祉で言うと、具体的に高齢者個々人の生活困窮を現実的、個別的に解決するために、社会福祉として以下のクリティークを提示することができる。

　①高齢者福祉の構造として、何をしなければならないのか。
　②それらの1つ1つは、生活困窮の解決に対して、どんなときに、どんな作用をするものなのか、高齢者福祉を構成する要素とそのサブ機能であり、他の要素との関連へのクリティークのことである。一定の作用をするものであるためには、どんな仕方でされなければならないか。
　③そして、この概念的に構成した高齢者は、高齢者福祉の構造を道具にして、制度化している高齢者福祉を見ると、新しい何を付け加え、何を除かなければならないか、それらをその方向に改変する可能性はあるのか。

　これらは、上の③の制度化されている社会福祉事業に対するクリティークが根底にあるものである。近年、社会福祉の制度を改善してきた主要な概念は、「予防とコミュニティ・ケア」である（岡村 1974：161-171）。

　改めて確認しなければならないが、この予防とは、生活困窮に至らないようにする働きである。その場合、ここでの生活困窮は、社会福祉によって予防されるべき生活困窮であり、生活困窮一般を言うのではない。その典型例は、伝統的な入居施設で長期の保護が必要な生活困窮である。したがって、具体的な予防プログラム

は、伝統的な入居施設での長期の保護を回避する働きをするものになる。

　伝統的な入居施設での長期保護は、その施設の入居者に施設病（institutionalism）または、インスティテューショナライゼーション（institutionalization）と言われる生活様相を強いるものであることが指摘されている。入居施設での生活は、その入居施設の入居者が入居以前に持っていた家族ケアの不足という生活困窮を解決するもの、または解決するためのものである（Breary, C. P. 1977 ＝ 1989：136）。しかし、もし入居者が施設で営む、または営める生活が、生活としての機能を持ち得ないもの（以下、生活障害という。）であるとすると、施設入居は、生活困窮の解決策にはならない。施設入居は、生活困窮を別の種類の生活困窮に転換するだけのものであるということになる。

　前述した伝統的な入居施設での長期の保護を回避する働きをより正確に言うと、この長期保護が作り出すような生活障害にならないようにする働きということになる。

　上のコミュニティ・ケアとは、生活困窮者またはバルネラブルな人々または、「集団の近隣コミュニティ（surrounding community）」（家族集団も含めて）がバルネラブルな人々の生活を支持し、その生活困窮を予防、または解決するようになることを期待して、それらに働きかける活動を言う。コミュニティ・ケアは、居宅保護、在宅ケアとは区別される概念である。

　ここでは、コミュニティ・ケアをバルネラブルな人々の生活に影響を及ぼす要因に働きかけるという意味を強調して、コミュニティ・ワーク（community work）と表現する。

　予防とコミュニティ・ケアの概念を取り入れた社会福祉というのは、以下のように構成されるだろう。

　①生活障害の回復的処遇（以下、「福祉ケア」という。）
　②コミュニティ・ワーク（community work）
　③生活障害を予防する活動

　この３つを基本的要素にしてデザインされなければならない（船曳 1991：181）。そして、そのような社会福祉は、地域福祉と表現される。

3　地域福祉と高齢者福祉

　この点では、高齢者福祉も前項の３つの要素（福祉ケア、コミュニティ・ワー

ク、生活障害を予防する活動）があるものでなければならないだろう。福祉ケアの形態は、介護保険の居宅サービスでのヘルパー派遣などの在宅ケアがある。コミュニティ・ワークでは、高齢者のサポート・ネットワークづくりやボランティア育成が主要なテーマである。また、コミュニティがケアをするためのグループホームも設置されてきた。従来から特別養護老人ホームにおけるケア・シェアリングの形態としてのショート・ステイやデイ・サービスという形態のケアも創造されてきた。

ここでの福祉ケアとしての回復的処遇は、バルネラブルな人々が営まなければならない諸々の生活行動を、個別的に介助したり、代行したり、指示する活動で、それによって生活障害からの回復を図るものである。

しかし、ここでいくつかのクリティークがある。それは、必要な生活行動の介助、代行、指示でいいのだろうか。必要とはどの範囲、どの程度を言うのであろうか。それで、生活障害から回復という機能は果たし得るのだろうか。

例えば看護ケアは、人々が健康を維持する、また病気から回復するのに適した生活が営めるよう、生活行動に影響を及ぼすパーソナリティ要因、環境要因に働きかけ、さらに具体的な生活行動を個別的に介助したり、代行したり、指示するのである。このとき看護ケアは、健康を維持する、病気から回復するのに適した生活を「よい」生活としている。そして、そのような生活が営めないことが、看護ケアが責任を持つべき事柄として、それは社会的にも承認されているものである。

それでは、社会福祉のケア（福祉ケア）は、個人がどんな生活を営めるようになることを期待しているのだろうかというクリティークがある。

このクリティークへの回答は、生活困窮で心身が未成熟、または障害があるにもかかわらず必要な「ケア（世話）」が受けられない、ケアが利用できないことであり、その解決が必要なケアを提供し、ケアを活用することができるというような生活困窮観を出発点にするならば、決して得られないだろう。

このような生活困窮観から言うと、ケアが提供され、ケアが利用されている状態は、生活困窮がもうすでに解決しているのである。社会福祉としてのケアが生活困窮の解決そのものなのである。この場合、社会福祉が提供するケアは、「本来」提供すべきであった者（家族やコミュニティ）がするケアでなければならない。そして、そのケアによって実現される生活は、「本来」の場で営めるはずであった生活ということになるであろう。

この論理に従うと、社会福祉としてするケアは「本来のケア」ではなく、それ

は、last resort（最後の逃げ場所）、second best であるので、できるだけ短期か、あるいは、できるだけ少ないほうがよいということになる（Davis, A. 1981：23）。

先ほどのような生活困窮観は、果たして現代社会の常識なのか、それとも社会福祉学の知識としての常識なのか。繰り返すが、この生活困窮観から見ると、「入居施設に入居すること」「ホームヘルパーの派遣が開始されること」によって生活困窮が解決したことになってしまう。公共サービスの公平性や平等性が議論の焦点になっても、そこでどのようなケアをどのように行うのかがなぜ基本的な課題ではないのだろうか。

さらにこの項のテーマとして、そもそも地域福祉はなぜこのような構造を持たなければならないのかということが理解できるであろう。

4　3つの生活困窮観

生活困窮における「生活」を検討してみよう。

この場合、人間について「生活」と呼んでいるのは、最も概括的に言って、人間としての個人が社会環境に働きかける社会的行為の反復される集合である（図7-1）。

図7-1　生活

社会環境とは、個人の外部に位置し、その行為を直接左右する社会的要因の集合で、地位、社会資源、リスクを要素とする（図7-2）（船曳 1993：172）。ここで地位とは、自己と結びつき、相互行為をしている他者、社会資源とは、社会的行為の

図7-2　社会環境

促進要因で自己の欲求を充足する働きをするもの、また社会的行為の道具になり得るものを、リスクとは、社会的行為を阻害する要因を言うものである。

社会的行為とは、他者を志向し、他者に影響を与えることを意図した行為である。例えば、排泄をするという行為も一見極めて生理的行動だが、排泄物の汚さや不衛生さから他者を守ることを意図した行為で、だからこそ決められた場所で、決められた仕方で行われているのだろう。人間が「排泄ができないということは、排泄物から共同生活をしている他者を守る行為ができないということ」によって、共同生活の仲間から排除される原因になる事態という意味を持つのである。その意味を持つものとしての排泄行動のケアをするのが、人間の生活のケアでなければならないだろう。

次に反復という点は、この社会的行為の集合がそれを営む主体＝自己を維持し、発展させる働きを持っており、その働きを受けた主体によって、再び社会的行為の集合が営まれるという、半恒久的な繰り返しが生活である。主体が反復し得る集合であることが、生活の基本条件である。その要件を充足できていないものは生活障害である。

1つは、M・ウェーバーが指摘するように、社会的関係または社会的地位が社会的行為の可能性である（M. Weber. 1922 = 1972：42-49）。人間の社会生活の中で、それが社会的行為とみなされるのは、人間が関係で成立しているからだ。人がある地位を与えられていることで社会的行為の可能性がある。生活は、これらの社会的関係・社会的地位を維持し得るものでなければならない。今日したことのすべては、それができる可能性であった社会的関係を維持できるものであってこそ、明日もそれができるのである。

2つは、行為の集合の結果として、必要十分な社会資源が配分されていることである。主体の自己維持と発達の欲求を充足し、次の行為の集合に必要な道具を供給できていることである。

上で図示したとおり、社会環境を構成する基本的要素は、「社会資源」と「社会的地位」と「リスク」の3つと考えられる。

社会資源とは、人間の欲求を充足する働きをするもの、また充足する行為に有用なものとして規定したうえで、そのとき人間の生活は、3つの視点からの分析が可能になるだろう。

①社会資源との関係

②社会的地位との関係

③危険との関係

ところで、ホームヘルパーによる介護（ケア）とレジデンシャル・ケアとでは、いったいどこがどのように違うのだろうか。レジデンシャル・ケアは、居宅での生活ができない「やむを得ない」、「より重度の」人々へのケアということなのか。施設病（institutionalism）やインスティテューショナライゼーション（institutionalization）をつくる機序は、日本の特別養護老人ホームにはなかったのかという問いが残されている。

また、レジデンシャル・ケアは、入居者が他の入居者と共同生活を営まなければならないものである。それを職員組織だけで行うものであるという理解しかないことも素朴なクリティークでもある（丸岡 2012：60）。

5　生活問題の解決

この節の最初にあった社会福祉問題の「どんな事柄に困窮しているのか」、「その解決には何が必要か」というクリティークには、「この現実社会で、人間らしい生活を営むには、何が必要か」という前提となる根本的な社会福祉の知識を踏まえなければならない。

もしこの知識を踏まえないで社会福祉問題のクリティークに答えようとすると、「お金がない」という事態に、「お金」を給付する、「ケアがない」という事態に「ケアをする人」を派遣するという答えしか出てこない。いったいそこでは、何をするための、何に必要な「お金」や「ケア」が「ない」と言っているのか不明であるし、究明されていない。また、それらの提供、または給付を求めているのか、「ない」という事態を解決できる「道」が分からず、その「道案内」を求めているのかも知れないとも言える。

これらの事柄を明らかにせずに「お金」を給付し、または「ケアをする人」を派遣しようとすると、どの程度の「お金」がよいか、派遣する「ケアをする人」が何をすればいいのか決定できないだろう。受ける側は足りないと思う状態に、その給付や派遣の費用を分担する人々は、「そこまでする必要があるのか」という疑問を持つかも知れないのである。

実際には、この問いには、諸々の人々の生活経験や、社会福祉の実践経験から回答が出されている。また関連諸科学からのアプローチもある。そして、それを基に

して社会福祉の現行制度ができている。また、これらの知識を整序し、体系化したものを用いて、具体的な個人の個別的な困窮事態をアセスメントし、提供すべきサービスの内容、方法を決定し、実施している。

このような社会福祉学の知識は、通常の人間生活を営むのに必要な機会・道具、能力、動機についての知識と、それらが障害を受けた事態に、個人が対処する行動についての知識からなっている。

この知識で、具体的な個人の個別的な困窮事態を見ると、その解決には、1つは、機会・道具の提供、能力の支持するサービス、2つは、入居者が困窮事態に対処する過程に介入するサービスが必要と考えられる。例えば、体の不自由な高齢者には、各種の便宜や道具、ケアと言われるサービスとともに、現実の事態をよりよくするために、使用しようとする高齢者と彼らに関わる人々が、いわば「工夫」し、それを生活に「定着」させる過程を支援するサービスが必要とされる。この支援として、ソーシャルワーク（ケースワークやグループワーク）が行われる。入居者の積極的対処は、生活の質をより高め、対処能力を高めると考えられている。

6　生活問題

社会福祉制度とは、サービスや便宜を配分することである。

これを前提にして、わが国の社会福祉の現実を見ると、次の2つのクリティークがあるだろう。

1つは、高齢者や障害者を典型にして考えてみると、この社会の現実の中で生活するのに、どんなことに困窮し、それを解決するためには、どんな種類のサービス、便宜が必要かというクリティークであり、この背景には、現在の社会福祉は、必要な種類のサービスや便宜を本当につくり出しているのかというクリティークがある。

2つは、それへの回答を前提にして、それらのサービス、便宜のうち、実際にはどんなものがどの程度つくられ、必要な人にどのように配分されているのかというクリティークである。そして、それらはどのような成果があるのか、そして、不足、新しい種類の便宜、サービスをつくり出す事業をどのように整備するか、この新しいサービスは、どう配分すればよいかというクリティークである。

この2つ目のクリティークは、わが国では強く、広く意識される社会福祉問題である。介護保険制度はこの問題の解決策の基本的要素である。この問いへの科

学的・技術的回答を課題とする営みは、米語で、ポリシー・アナルシス（policy analysis）とプランニング（planning）で、英語では、ソーシャル・アドミニストレーション（social administration）で表現されている。そして、わが国では、社会福祉士及び介護福祉士法施行規則に定められた試験科目にある名称で言うと、社会福祉援助技術の間接援助技術と照応する。しかし、この2つ目のクリティークは、1つ目のクリティークへの回答を前提にしていなければならない。

結論を先取りして言うと、この生活としての機能を持ち得ない生活、別の種類の生活困窮とは、生活意欲を喪失させる生活を営んでいるということを指し示す。

先の例の排泄がうまくできない高齢者は、共同生活をしている仲間との結びつきが切れるかもしれない。すると仲間と一緒にしていた、またはこの仲間に協力してもらってできていたことができなくなる可能性があるだろう。ここにクリティークを超えて、レジデンシャル・ケアの生活問題についてのオリジナルの視点が求められるだろう。

Ⅲ　レジデンシャル・ケアの機能と構造

1　概念整理

レジデンシャル・ケアの機能と構造を明確にするために、レジデンシャル・ケアに関連する概念の整理から始める。それは、施設ケア論文の中でも引用したように、以下のような社会福祉の基本的要素との関連のことである（丸岡2012：55）。

施設ケア論文の中で、社会福祉を構成する基本的要素が3つであるとしたが、そこでレジデンシャル・ケアと福祉ケアの関連を次のように示した（船曳1990：181-183）。

①心身に障害をもった人々の日常生活行動を個別的あるいは集合的に、そして、持続的・反復的に支持する活動（福祉ケア）

②地域社会住民の福祉コミュニティづくりを個別的に促進する活動、あるいは促進する条件をつくり、阻害する条件を除去する活動（福祉コミュニティづくり）

③人々の生活危機への対処過程に個別的に介入し、それを支援し、あるいは地域社会に対処し、促進条件を付加し、阻害する条件を除去する活動（危機介入）

この構成要素は、現実の社会福祉の現象を仮説として示したものである（船曳

1990：181-183)。特に①福祉ケアは、「個別的あるいは集合的に、そして、持続的・反復的に支持する活動」であり、施設ケア論文では、「『ケアとしての社会福祉』＝『福祉ケア』とは、看護ケアと対照に、伝統的にわが国では、『援護』と呼称されてきた形態の活動である」(船曳 1990：181-183) と規定されたものであった。本稿の目的の1つは、レジデンシャル・ケアの全体像を示すことであり、機能と構造を再考するために福祉ケアとレジデンシャル・ケアの関連を検討するものである。

ここでレジデンシャル・ケアの全体像をつかみ取るための出発点としていくつかの概念整理を行う。1つは、福祉ケアは、レジデンシャル・ケアにおける中核的機能であるが、その範囲は不明確であり、この程度が決まっていない。2つは、レジデンシャル・ケアは、施設の機能との関連で言うと、人の生活問題の回復的な処遇とする。3つは、福祉ケアと「介護福祉」とは、通説としても境界線がなく、ほぼ同義に扱う(船曳 1990：184)。4つは、施設で福祉ケアを実施することを「レジデンシャル・ケア」として操作的に定義づける。5つは、福祉ケアとは、「心身に障害を持った人々の日常生活行動を個別的あるいは集合的にそして、持続的・反復的に支持する活動」(船曳 1990：183) とする (丸岡 2012：56)。

2　老人ホームの機能

レジデンシャル・ケアの全体像を探るためには、現実の老人ホームと理論的に構成された老人ホームのケア論とは区別して考えなければならない。それは、理論と現実がどのように関連しているのかを見るうえで、現実の老人ホームがどのような働きをしているのかを見極めることから始まる。

老人ホームは、われわれの常識の眼から見て、次の3つの方向への機能を持っている。

①対家族機能
②対地域社会機能
③対高齢者機能

まず①の対家族機能とは、家族の負担を軽減するための対家族への働きである。

老人ホームは、歴史的には、救貧的な施設から出発したので、心身的に衰弱した高齢者を家族がかかえて生活ができないということから、家族がいない心身に障害を持つ高齢者を施設に利用させた。それは、家族に代わって高齢者を保護するもの

と考えられた。そういう意味から、老人ホームには、「家族代替」という「対家族機能」という「機能」がまず挙げられる。現在では、このような意味は、徐々に薄れてきているものの、対家族機能とは、家族介護の負担を軽減するという基本的な機能である。

次に、②の対地域社会機能とは、高齢者を地域社会から切り離して地域社会を守ることである。

例えば、認知症高齢者が地域社会に放置されることによって、一般市民の生活が脅かされることにならないように、その高齢者を施設に隔離することである。そして、そのことによって地域社会を守るという意味がある。

最後の③の対高齢者機能とは、当の高齢者そのものに対して生活の場を提供するということである。それは、例えば、老人ホームの入居者に対して、住宅を提供し、また同時に診療所的なプライマリ・ケアや看護も提供して、そしてケアをするということを意味している。

この3つの機能は、歴史的に紆余曲折を経てきた。人々の眼に映る老人ホームというところは、当初家族の介護の負担を軽減するという対家族機能と、地域社会から市民を守るという対地域社会機能が全面に出ていた。その意味では、対高齢者機能という高齢者のために何かしようという議論がなかったことは確かである。家族や社会が高齢者ケアの費用を負担する現在の状況では、対家族機能、対地域社会機能が強調されている。つまり、対家族機能と対地域社会機能が注目され、対高齢者機能が分析的に取り上げられてこなかったと言えるだろう。

3 老人ホームの基本的要素

前節の対高齢者機能を踏まえて、レジデンシャル・ケアの要素（＝老人ホームのケアを構成している要素）を検討してみよう。老人ホームのケアを構成している要素について整理したもの（表7-1）を再掲する（丸岡 2012：56）。

この6つの要求は、岡村重夫が「社会生活の基本的要求」（岡村 1983：82）として提起した7つの要求[3]とほぼ重複している。この社会生活の基本的要求は、在宅であれ、施設であれ、社会で生きていくうえでの基本的なものである（丸岡 2012：56）。

そして、それぞれの項目は、大きく「人」と「状況」とに分けることができる。それは、「人」に働きかけることと、人の回りの「状況」に働きかけることである。

第7章　レジデンシャル・ケアのメタ・クリティーク　　　79

表7-1　老人ホームのケアの要素

生活の要素	人			状況 (環境・環境との関係)
	体 (動作や移動の介助や代行)	意識 (指示、示唆)	人との関係 (状況、意味の説明、コミュニケーション、促し)	
A　日常生活				
(1) 保健行動　衣、食、住　スポーツ　受診・受療	・衣服の着脱の介助、食事の移動や動作の介助 ・運動の介助 ・移動、動作の移動	・「これを食べよ」という指示 ・運動への示唆 ・服薬の指示	・食事の行儀 ・入浴着替えの促し ・運動への勧誘 ・病状の把握、意欲	・施設の多様化の拡大 ・運動の場の提供 ・医療のアクセス確保
(2) 経済活動　金銭の管理　購買	・金銭の管理の代行 ・購買の代行	・金銭の使い方を示唆 ・購買の示唆	・金銭を管理するように促す ・購買の促し	・金銭の管理機関との調整 ・購買システムの確保
(3) 家族関係の維持	・家族への連絡代行	・家族への連絡指示	・家族への連絡促進	・家族の施設訪問の場を確保
(4) 学習	・学習活動の機会を与えること	・学習活動の示唆	・学習活動の意義を説明すること	・学習制度の促進
(5) 文化・娯楽的活動	・文化的活動等の提供	・文化的活動の示唆	・文化的活動の意義を説明すること	・文化・娯楽的活動の場の拡大
(6) 社会的協働　施設入所者との円満な関係　友人、近隣との関係	・入所者同士の意思疎通を図る ・友人との連絡代行	・入所者同士の意思疎通を指示 ・友人の連絡指示	・入所者同士の意思疎通の意義を説明 ・友人の連絡を促し	・入所者同士の交流の場を確保すること ・友人の訪問部屋確保
B　問題事態への対処	・カウンセリングの実施	・カウンセリングの実施の指示	・カウンセリングの実施を促進	・カウンセリング技術の向上

　さらに、この「人」は、「もの・からだの動きに」、「意識に」、「人との関係に」に分けることができる。これは、ケアの形態別に分けたものである。そして、「状況」は、当の本人にとって意味を持つ環境であり、この場合、「状況」と環境とその環境との関係に働きかけるものである。

　また、6つの日常生活の要求以外に、別項目として、問題事態への対処がある。これは、社会福祉の基本的要素である「人々の生活危機への対処過程に個別的に介入し、あるいは地域社会の対処を阻害する条件を除去し、促進条件を付加する活動を行う社会福祉（相談）」（船曳 1990：182-183）であり、言わばカウンセリングを

意味している（丸岡 2012：57）。

4 比較機能論

　施設ケア論の中でも取り上げた機能論を再度検討してみよう。ここでは、対高齢者機能として整理した6つの常識の眼で眺めた老人ホームの機能と老人ホーム論に記述されている老人ホームの機能との比較をしてみよう。

　英国の全国民間組織協議会は、次のように老人ホームの機能を説明している。
「本協会では、以下に示すケアの『構成要素』（引用者が『　』を加えた。）は、すべての入所施設経験に共通するものと考えている。場所を基盤としている……。（引用者が以下、「……」を削除し、「。」を追加する。）目的をもつものであり、さらにそこでの経験は積極的なものでなければならない。組織化された経験である。相互自立的な生活経験である。職員と入所者同士から影響を受ける。入所者を、関係者、場所および物から切り離すことがある。」(Wagner, G. 1988 = 1992：9)

　さらにまた「入居施設には、地方自治体に登録しているものとしていないものとがあり、また、住宅、食事、個別的ケア、情緒的ケア・サポート等のレジデンシャル・ケア・サービス要素の中の一部あるいはすべてを提供しているものもある。」(Wagner, G. 1988 = 1992：10)

　これは、先ほどの6つの機能で言うと、保健行動という機能が記述されているが、後の経済的行動、医療、訓練、学習という機能が含まれていない。それに代わって、「個別的ケア、情緒的ケア・サポート」という別の機能が存在していることが特徴である。

　また、アン・デイビスは、『施設利用という解決策（*The Residential Solution*）』(Davis, A. 1981) で、「入居施設で、ケアとコントロールとを提供することが、英国での多くの福祉サービスの形態の特徴である。」(Davis, A. 1981：1) と述べている。

　これを6つの機能から見ると、全体的な「ケア」だけであり、「コントロール」という機能に特徴ある。ここでのコントロールは、上の引用のサポートに照応すると思われるが、いずれにせよ、常識で眺める世界には存在しないものであることは確かである。

　次に、G・ワグナー（Wagner, G. 1988 = 1992）よると施設のサービスでは、次のニーズを充足するとしている。

「……日常生活における実際的援助。これには、食事、採暖、衣服の提供、洗濯、着替え、入浴、トイレへの付き添いのような個別的ケアを伴う環境上のサポートや援助が含まれる。

……日々の問題に対処するための実際的な助言や援助。必要な場合にはカウンセリング。

……新しい能力や技能を獲得するため、あるいは今ある力をさらに強化していくための特別な教育やガイダンス。この一部には、重度の身体障害者、学習障害のある人、精神障害によって能力が低下した人、あるいは退所に向けてのケア期間にある青少年に対するリハビリテーション・プログラムが含まれていることが多い。

……個人がより自由に、あるいは自立や従来のかたちを保持しながらの生活を可能にするために、個人の能力に重要な変化を生み出すことを目的としたケアやアセスメント、処遇、そしてリハビリテーションのための特別プログラム。

……統制や拘束。ただし、これは児童ケアや、自傷他害の恐れのある者に係わる場合にのみ行使される。」（Wagner, G. 1988＝1992：17）

6つの機能とG・ワグナーとの比較では、「日常生活の援助」ということから、ほぼ同内容と見てよい。さらに、「助言」は、（B）の問題事態への対処と同一であり、「教育やガイダンス」など概ね似た老人ホーム機能論となっている。異なっているのは、「統制や拘束」という前の引用のアン・デイビスが指摘したコントロールのような機能が実際の老人ホームにはない側面として現れている（丸岡2012：58）。

5　日本の機能論

一方、日本の過去の文献の例で言うと、例えば三浦は、次のように老人ホームの機能を定義している。

「老人ホームは、次の二つの系列に分類することができる。その第一は、心身面になんらかの『障害』があり、独力で日常生活を営むことのできない老人を対象として、主としてこれらの老人の介護的ニーズの充足をはかる老人ホームである。したがってこの老人ホームの主要な機能は、『介護的処遇』をおこなうということになり、比喩的にいえば欧米のいくつかの国にみられる『ナーシングホーム』の系列に属するものと考えることができる。

そして（中略）中央社会福祉審議会などの考え方は、この系列の老人ホームを介護的処遇の程度に応じて、特別養護老人ホームと養護老人ホームに分類をしたとみることができるのである。

これに対して第二の系列は『居住施設（residential accomodation）』としての老人ホームであり、（中略）一般老人ホームがこれに該当することになる。このように老人ホームのあり方は機能的にみると、上記した『ナーシングホーム』系列と『居住施設』系列に区分して考えることができるのである。」（三浦 1979：4）

三浦の説明は、保健行動を基本にして展開したものであり、介護保険法施行前のものだが、さらに、この保健行動を細密にしたような老人ホーム機能論となっているのが特徴である。つまり、衣食住か医療かのどちらかに重点が置かれるのかという分類方法で老人ホームを整理している。

さて、常識で眺めた老人ホームは6つの機能があるとしたが、老人ホーム論によると、6つすべてが含まれていないこと、また、6つ以外の機能も含まれている。

しかしながら、このように老人ホームとは、いくつかの機能が混合されている、言わば「機能の複合体」である（丸岡 2012：59）。この点、小室は、在宅ケアとレジデンシャル・ケアとの経費を問題にして、次のような別の老人ホーム論を展開していた。

「老人福祉施設利用者は、今後は、欧米のように痴呆などにより重介護の必要な超高齢者にしぼられてくると思われる。その場合には、快適な生活の場を提供しつつも、医療、看護、リハビリテーション、ソーシャルワークなどの専門職を備えたものでなければならず、特別養護老人ホーム、養護老人ホーム、軽費老人ホームについては漸次的移行過程があろうが、最終的には、老人保健施設へ一元化されていくものと思われる。」（小室 1988：73）

これは、1988年の時代背景からの未来予測であったが、機能論とは全く異なった視点から見ていたものの、現在（2019年）の老人ホームの機能には「小規模多機能型居宅サービス」や、老人ホームの他に「サービス付き高齢者向け住宅」という機能も加わって、同じ建物内に「包括的な介護保険サービス」が受けられるような事態もあり、予測どおりになった部分があるものの、理論と現実とは違って複合的な観点が異なっていた。

老人ホームが機能の複合体であるとして、次に、この複合した機能の中において、中核的な、中心的な機能とは何であろうか。何が老人ホームの中核の機能なの

か。病院は、治療が中核であるし、学校は教育が中核である。そして、病院も学校もほかの機能も持ってはいるものの、それらは付随的な機能である。それでは、老人ホームの福祉的な機能とは何であろうかという点が見えない（丸岡 2012：59）。

これまで常識の眼で老人ホームを眺めて6つの機能があるとしたが、この常識からの観察には、中核の機能が見えてこない。そのためには、別の概念の道具を用意して、老人ホームを観察し、見直しをしなければならないだろう。

Ⅳ　レジデンシャル・ケアと家族ケア

1　機能を考える意義

あらためて「機能」とは何か。それは、ある物事について言う機能とは、他の物事または、それを含んでいるより大きなシステムへのよい作用である。システムは、自己維持、発展への傾向を持つので、それへの貢献がある物事の機能である。

したがってレジデンシャル・ケアの機能とは、施設で行われている活動が、それを含むより大きなシステムへの貢献であるから、それを決定するためには、どのシステムの中で考えるかを決定しなければならない。

これには、次の2つの文脈が考えられる。

1つは、地域社会の維持・発展の方向であり、2つは、入居施設を利用している高齢者の生活の維持・発展である。

社会福祉は、この2つの問題を解決する方向で発展してきた。しかし、ここでは、入居者の生活への作用に視点を置いている。

ところで機能とは、本来現実に働いている作用を示しているが、社会福祉の機能という場合は、社会福祉を営んでいるものが意図している機能を言う場合が多い。これは、意図と現実とを混同することになるが、施設の活動全体が意図している個々の高齢者の施設生活へのよい作用を示すものである。その理由は、この機能を持つために、活動としての「タスク」（何々をするか）設計の出発点にするためである。

そして、施設の活動を一般的に"よい"ものにしようとすると、それは、必然的に倫理的な方向へ向かうということが言える。

施設の活動は、入居者の生活を「……のもの」にしたいという期待を持って営まれているものである。入居者の生活について期待しているよい変化が目的と称され

るものであるが、この目的が達成されるためには、多くの集団・組織またはコミュニティからの入居者の生活に影響を及ぼす諸要因への働きかけが必要であろう。

ここでは、施設が社会福祉として（施設活動には、診療や看護が含まれるが）果たさなければならない働きを自らが決定（他者からの期待を考えるのではなく）しようとするものである。

前述のとおり、レジデンシャル・ケアは、部分的な活動の改善が主流である。しかし、その部分的活動は、その言葉が表されるとおり、機能を果たし得る構造の要素（客観的に表現すると要素であるが、職員から言えばタスク）である。ある活動の持つ要素性＝全体の中での位置を無視した一般的な改善は、必ずしも機能を高めることに結びつかない。

その点について学校給食、病院給食から、食事介助の機能を考えてみよう。

学校給食が行われているが、しかし、この場合に介助の必要がある場合がある。それが生活行動の介助だからといって、福祉ケアとは言わない。給食と食事のケアは、他の諸々の活動と一体で、本来の教育機能を果たしているのである。給食と食事ケアは、教育機能を果たす構造の要素なのである。学校給食、食事のケアとは、栄養、カロリーが十分で、食事行動は文化的にノーマルでなければならないだろう。それは、しかし、それだけでは十分ではなく、学習を促すようなものでなければならない。

また、病院給食における食事のケアとは、栄養、カロリーが十分で、食事行動もノーマルであるが、しかし、手術をした患者に対しては、回復を妨げないもの、または透析患者の回復を妨げないもの、積極的な上に、健康を維持するものである食事でなければならない。

それでは、特別養護老人ホームの給食の食事介助は、いったいどのようなものでなければならないのだろうか。

それは、形式的に言うと社会福祉としての機能を果たす構造の要素＝タスクとして適合しなければならないものである。またそれは、健康の維持に必要な要件を備えていなければならないが、それを超えて、福祉的機能を持たなければならないのである。

例えば、息子と別れて悲嘆期にある利用直後の給食、介助はどうあったらいいのだろうか。または、孤立しがちな高齢者に対しては、どうすればいいのだろうか。この回答は、給食、介助を切り取って考えるのではなく、高齢者の具体的な状況に

応じたタスクの全体が設計され、その1つとして考えるという方法で導かれるべきであろう。

2 レジデンシャル・ケアの限定

　レジデンシャル・ケアの機能について、家族ケア（入居者がその利用以前に経験した家族員が行っていたケア）との比較から経験的内容を明らかにする。

　この方法に従って英国の『施設利用という解決策（*The Residential Solution*）』の分析を試みているのが、アン・デイビス（Davis, Ann）[4]である。ここでは、その方法論を参考にしながら、レジデンシャル・ケアの機能を検討してみよう。

　家族ケアとの関係でレジデンシャル・ケアを見ると、次の3つが考えられる（Davis, A. 1981：127）。

　①家族代替機能（family-substitute care）
　②家族補足機能（family-supplement care）
　③家族のオルタナティブ（family-altenative care）

　家族代替機能とは、施設は、家族ケアと同じ機能を持っていて、家族のケア機能が欠損したとき、それを発動する働きである。

　家族補足機能とは、家族員に対して行う家族ケアを補足する働きである。そして、家族のオルタナティブとは、家族ケアが常に望ましいものであるとは限らないという事実を前提にし、家族とは異なった、しかし、シェルターを共有する共同生活の機会を提供する働きである。

　アン・デイビスは、「家族ケアとの関連を提案した理由」として、レジデンシャル・ケアの機能を3つ挙げている（Davis, A. 1981：43-44）。

　①レジデンシャル・ケアと家族ケアの間の関係は、英国の政府の伝統的な方針として、根本的な重要性があったという基本的な考えがあった。
　②ソーシャル・ワーカーは、ますます家族ワーカーとして見られるようになった。
　③レジデンシャル・ケアの最近の議論は、人口と家族の構造における現在の変化の影響についての懸念を反映している。

3 家族代替ケア

　このタイプの施設は、入居者個々人がその利用以前に経験した家族ケアと同じ

程度のよさを持ったケアを提供しようとするものである（Hill, R. D. & Gregg, C. 2002：15）。

家族ケアをモデルにするとは、①通常の家族生活で営まれている活動を施設生活のルーティンにすることであり、②入居者・職員関係、入居者同士の関係を家族関係のように営ませるということである。

端的には、職員の入居者への態度、行動が親、特に母親の子どもへの態度、行動をモデルにすることが求められる。それは、しばしば「福祉の心」と表現される。「福祉の心」とは、「福祉」ニーズ（福祉を阻害する事態）を共感的、追体験的に理解し、それは、放置できないと感じ、その解決行動を駆り立てる能力を言うものと考えられる。

もちろん、この能力が職員の十分条件であるとされるのではなく、それに科学的分析能力が加わらなければならないと考えられているが、共感的、追体験的理解を基礎にした科学的分析が強調されているのである。

家族代替ケアを行うに当たって、職員が直面する問題は、次の3つと考えられる。

①利用経験への介入
②家族と施設の関係
③適合性

このような家族の代わりをするような施設においては、家族は、メンバーの変動がまれな集団である。固定したメンバーであることが普通である。したがってメンバーの入れ替えは、重大な出来事である。論理的には施設入居は、家族代替をめざす施設にとっては、重大な事態となる。つまり新しい家族員が加わることだからである。入居者にとっても同じで、施設入居は、家族との分離であり、見知らぬ家族への参入となる。そのときの入居という事態に対して、施設の対応は、どのようなものであろうか。

既存の職員と入居者との関係、入居者同士の関係を維持しようと思えば、新しい入居者に順応を迫る方向に行かざるを得ない。それが、ゴフマンのいう「ストリッピング＝剥奪（stripping）」（Goffman, E. 1961 = 1984：17）として現れる。

入居者の経験する事態に対する職員は、1つは「ストリッピング」以前の「自己」への対応、2つは、「クライシス介入」への対応を両極にしたものになると考えられる。ストリッピングとは、入居者のこれまでの人生で得てきた社会的な地位など

を一切無視した態度で入居者に接するもので、例えば、職員は「ここに入居した以上は、これまでの生活のことはすべて忘れてもらう。ここでは、単なる一人の入居者に過ぎない」という言動に表れているように、入居者自身の人格を剥がすような意味を持っている。

以上のように人間という「自己」とは、妻であるとか、親であるとか、または、クラブの会長であるとかといった所属している集団の地位の集合であり、その経験の集積であると考えられる。このことは、「自己紹介」に端的に現れる。ストリッピングは、それをすべて脱ぎ捨てて、老人ホームの「入居者」であるという地位だけを入居者に与える行為である。しかも、この「入居者」という地位は、彼らのセルフ・エスティーム (self-esteem) を著しく低下させる。

一方、施設入居は、入居者に次のような3つの体験をさせる。それは、喪失、挑戦、フラストレーションの混合体である。

その体験は、多くの入居者にとって、①家族との離別、望ましい自己像の失墜、愛着していた住まい、家具と別れたことなど様々な喪失体験である。そして、②新しい事態への適応能力を試され、挑戦されるべき出来事なのである。また、③大切にしていたことができなくなるフラストレーションの体験である。入居者は、利用をそれぞれの意味で経験し、新しい生活構造の組織に対処しなければならない事態になる。

そのため入居者がこれらを乗り越えて、順応できるような援助過程が生まれる。それがクライシス介入である。クライシス介入とは、施設利用をこのように理解し、入居者の積極的な対処を促す好機と捉え、援助介入を試みようとするものである。

これは、新しい入居者が既存の体制への共感から生まれるものである。しかし、ブレアリーの報告にもあるように、順応を援助することの困難性を理解したうえで進められなければならないであろう (Breary, C. P. 1977 ＝ 1989：91)。

4　家族代替ケアの適合性

次に家族代替ケアの適合性について検討しよう。

社会福祉の初期形態は、家族欠損への援助策だった。そのため必然的に援助策は、家族代替の意味があり、そのための機能を意図的に果たしてきた。

したがって高齢者の場合でも、子どもがない場合や配偶者と死別した場合に、そ

の入居者にとってのレジデンシャル・ケアには、代替の意味があった。施設も当然ながら、それを意図して運営されていた。そこには、何も倫理的な問題がなかった。

しかし、社会福祉の発動が家族の欠損を要件にしなくなった段階で、入居者にとって施設は、家族代替という意味がなくなり、施設の意図する根拠を問われるようになった。それが適合性という問題である。

現在、家族代替を積極的に主張する根拠は2つある。

1つは、家族員の間に結ばれているような情感的、追体験的な理解というような、つまり、相手が楽しかったりすれば、こちらも楽しいというような、相手が痛かったら、こちらも痛みを感じるような理解が相手にとっての治療的機能である。

そのため入居施設に入ってくる入居者が過去に非常に苦しい、悲惨な経験をしてきた場合に、当該施設では、それを癒すような機能が家族代替の目指す根拠である。

例えば、若いころから生活に困窮して、周りから様々な迫害を受けてきた入居者にとって、施設は、家族代替の機能を果たせる可能性がある。それが癒しという機能で、迫害されたり、疎外された入居者を治療するということができることである。事実、精神療法などもそうであるが、治療的な人間関係の基本は、科学的分析的な理解とは異なって、共感的、追体験的な理解なのである。この点では、人間の温かさが感じられるような家族関係が治療的な機能を持っていることに着目したものである。

2つは、入居者に対する個人の尊厳である。

個人への尊重や尊厳が福祉のあるべき姿であるというとき、そもそも個人の尊厳が維持できるような関係とはいかなる関係であろうか。それは、かけがいのない人間として扱ってくれる関係の中で、個人の尊厳が最も維持できるということに着目しなければならないだろう。

これはいかなる社会組織でも言えることでもあるだろう。組織の中では、個人は、いつでも入れ換え可能である。組織としては、去る人も来る人も容易に代えられることが通常である。ここでは、個人の尊厳は、体験できない。

また、家族代替という概念は、非常に古くさい論理である。しかし、個人の尊厳を具体化したような結びつきは、かけがえのないものとして相手を認め合う家族関係をモデルにしなければできない。そういう意味で家族代替機能が主張されている

のであろう。

家族機能が持っているこの特性は、家族代替機能の残された遺産ではないだろうか。

5　家族代替ケアの課題

これまでの家族代替機能をまとめると、課題は次のように集約できるだろう。

1つは、家族代替を意図する施設は、入居者がいつでも何でも一緒にすることが求められることである。それが楽しいことであるという前提で成り立っている。それがこの家族代替の組織の構成である。

食事、風呂、遊び、旅行などを入居者で一緒にすること、それらのことが楽しいことであり、楽しさを倍増することであると考えている。ところが、それがそのような体制で入居施設で行われると、職員側の労働の条件と組み合わせられて、その体制自体が剛性（rigidity）を持ち始める。

どういうわけか食事時間は、一度午後7時と決められた途端に、何が何でも午後7時になってしまう。これは、風呂、遊びなどにも言える。あらゆることが固定化されてしまう。この様相を職員組織に力点を置いて言うと、「ブロック・トリートメント＝遮断された処遇（block treatment）」（Breary, C. P. 1977 = 1989：23）であり、職員の「ルーティンの剛性（rigidity of routine）」（Davis, A. 1981：127）と呼ばれているものである。そして、これらのブロック・トリートメントやルーティンの剛性は、何をもたらすのか。本来一緒に何かをすることの意図は、入居者の生活に楽しみを与えることであるが、現実には、入居者を非個性化し、入居者の生活を画一化させることである。その中で入居者の生活意欲とか生活能力を、特に施設外での生活能力を低下させることになる。それらは、施設神経症（Institutional Neurosis）や施設病（Institutionalism）として指摘されているところである。そして、これらのことは、施設側の利己的な主義とか論理から生み出されるのではなく、入居者を家族のように扱い、入居者と家族のように暮らしていくというところから実は生み出されていくのである。

もう1つは、入居者が入居施設の中で、過去の自己と断絶を強いられることである。また、施設全体のものはあるけれども、入居者個人の所有物の許容範囲が少ない。したがってまた施設全体にとってではなく、家族にとって大事なことや、自分にとって大事なことだけを行うことも許容されない。特定の仲間と付き合ったりで

きない。これが家族代替に起こりがちなことなのである。それが「無個性化（非人格化）(depersonalization)」(Davis, A.1981：55) と言われるものである。

まとめると、確かに家族代替の施設は必要である。その典型は、子どものない家族にとって、また、夫を失った妻のような単身者にとっても有意義な代替機能を果たすだろう。だからこの機能を持った施設が求められることは少なくない。しかし、高齢者の入居施設のすべてが、この機能を持たないといけないということではない。

つまり、入居施設の中で、ある施設では、家族代替を求め、また施設機能の中では、ある部分は家族代替を選択することが考えられる。家族代替が適合するニーズなり、求められるニーズを見極めることである。そして、それの位置づけを明確にすることが課題であろう。

家族代替は、家族のような集団をつくろうという職員組織の意図ではなく、家族の生活が持っているよさを客観的に移し替えることである。意図を移し替えるのではなく、家族の中での人間関係をもう少し客観的にしながら、そういう家族の持つ特性を移し替えるという工夫が必要なのではないだろうか。そして、施設がニーズに対して応えられることをさらに限定すること、明確にすることが求められる。

6 家族補足ケア

家族補足ケア（Davis, A. 1981：44）とは、高齢者のケアを家族と施設が分担して実施しようとする場合に施設が持つ機能のことである。これを図示すると、図7-3のような直列と並列の時間的な分担の方法が考えられる。

時間的に見ると、直列とは、家族がケアをして、その次に施設がケアをするという直線的なつながりを持っているということである。並列とは、高齢者に必要なある部分を施設が分担をし、その他の部分は家族がケアをするということになる。ま

時間＼分担	直列	並列
	ショートステイ ホームヘルプサービス	
家族ケア力の強化 リハビリ		母子寮

図7-3　家族補足ケア

たさらに必要であれば、家族施設以外の部分も持つというようなことも考えられる。

　直列の分担の場合を理論的に言うと、それは、家族代替である。言わば短期の家族代替である。そのために正しい意味での補足ケアは、並列になる。そのときに、直列にしろ、並列にしろ、施設が家族のケア力を強化する機能を持つか否かによって、その組み合わせが考えられる。

　そのため直列で、家族の機能の強化を持たないようなものは、これは、純粋に家族代替となる。しかし、直列であるけれども、家族ケア力の回復を含むようなレジデンシャル・ケアは、具体的には、高齢者を入居させ、そこでケアをしながら、同時に家族に対して、ケア力の強化の訓練もする。そのためにその高齢者が退居すると、ある意味では、再利用をしないように、施設で家族全体を強化するということである。同じ直列でも、純粋な家族代替が時々与えられるようなサプルメント・ケアと、もう1つは、家族機能を強化して、再び代替ケアを与えなくても済むような直列もある。それは、ある意味では、家族治療的な施設である。

　一方、並列の分担は、高齢者のケアを家族と施設が持ち合っていることを言う。それは、家族にできない部分、施設も家族に代わってできない部分を相互に認め合って、それぞれの能力の限界を認め合っている場合に、並列するというケアである。この特長は、重複するが、高齢者のケアには、家族だけではできないし、施設だけでも十分でもないというような複雑な援助が必要であるという側面があることを認識したうえで、実施されるものである。この並列型の分担で、いつまでもケアをするのではなく、家族機能を強化して、分担が必要でないようにしようとすることが生まれた。

　図7-3が示すとおり、4つの組み合わせがある。

　直列で家族機能を補強する類型は、その古典的な施設は、母子寮（1998年の児童福祉法改正によって名称が「母子寮」から「母子生活支援施設」になった）である。これは、母親が子どもの生涯の中で、子どもには家族ケアをしながら、そして母親には子どもを育てていく能力を高めていくような、つまり家族全体を利用させて、ケアするような施設が考えられる。つまり、この表で特徴的なことは、実際面でのことで言うと、「左下、右上」が「ない」ことである。

　また、図は、様々な組み合わせが可能である。

　家族と入居者が同時に入る直列型があってもよいが、もう1つ、分担をするとき

に、施設は、レジデンシャル・ケアだが、病院に例えると、開業の医師ができることを実際面で実施できることが理想になるだろう。それは、レジデンシャル・ケアを前提にしたケアが非常に強力であると言えるだろう。

このときに、このサポートは、地域のホームヘルパーとか介護支援専門員とは異なっていて、これが開業医のような特長を持っているので、いつでも利用に関する情報や選択が可能なために、地域の高齢者はこれまでとは違ったサポートが受けられるのである。これが意味するものは、レジデンシャル・ケアのケアとは、補足ケアの直面する問題であり、サポートなのか、レジデンシャル・ケアかという問いになるだろう。

7　家族補足ケアと家族ケア

家族補足ケアの特長の2番目は、家族を支えるケアを分担する対処である。このケアが高齢者の何を分担していくのかを見極めなければならない。

それは、第1は、「動作・行動」、第2は、「判断」、第3は、「関係」を分担していくことになる。通常、この3つの分担が存在する。

この3つを見たときに、当然、実際には、第1の動作・行動が注目されて、高齢者の「介助」が多くなる。つまり、現実では、第2や第3の判断を分担したり、関係づくりを分担することが問題にされていないのではないだろうか。

第1の動作・行動への分担は、比較的容易である。ところが第2、第3の分担となると、これを施設と家族がどう分担するかが問題である。

具体的には、一定の判断が行動を生み出すこと、関係づくりに家族が奔走することが重要な問題になることを理解しなければならない。

第2の「判断」を検討すると、まず、これは、施設の職員が入居者に「今日は何をしますか？」という会話から、そして今日一日の計画を立てるところから始まるだろう（丸岡2012：63）。それは、家族と施設がこれをどのように分担するのかを考えていくことにある。

さらには、「家族の限界」をどのように見極めるのかである。家族には、介助力の限界があるだけでなく、家族が高齢者虐待への介入も必要があるだろう。そして、虐待される高齢者をどのように守るのかも求められる。これが地域社会に浸透するケアである。

また、認知症高齢者の人権も問題である。彼らは自らの権利を守ることができな

い。これも判断の項目に属することである。成年後見制度の活用を含め彼らの利益を守っていくことであり、これをいかに分担していくのかが問われることになるだろう。

　第3は、「関係」の問題である。関係の問題とは、この場合、関係のある他者や友人、近隣、社会制度等と関係を結びつけることではなく、そのような関係が結べなくなった高齢者をどのように援助していくかということなのである。

　体が不自由になったり、行動様式が異様になったり、対人関係を営むことが困難になったりして、ケアが必要になった高齢者への援助を家族と施設でいかに分担するのかが問題である。さらには、高齢者の孤立に対するケアも今後の課題である。それは、何もしないで暮らしている高齢者へのケア（配慮）を含め、これまでの発想を変えた方法が必要となってくるだろう。

　また、地域と家族と施設の分担をどのように調整するのかも問われている。

　それには、コミュニティとは、近隣が高齢者に対して許容することも含まれる。それを家族と施設が分担し合うことである。また、対人関係で言うと、家族が自分の友達を大事にすることがうれしいように、高齢者の友人を施設と家族がどのような分担をできるのかが求められるだろう。第3の関係に働きかけるとは、このように援助の仕方をめぐって、分担の方法を確立していくことが求められる。

8　家族補足ケアと関係

　家族補足ケアにおける実践的問題におけるレジデンシャル・ケアを家族ケアの補足的（family-supplement care）であるという意味は、家族のしていることのすべてが、つまり家族構造を含めて、施設のすることの合計が高齢者の必要に応えるということである。

　そのため、家族補足ケアの最初の問題は、家族ケア構造や家族の機能の程度を評価することが出発点である。

　ところが、家族機能は、高齢者へのケアの唯一の機能ではない。家族とは、具体的に言うと、家族員の情緒的な安定を維持・回復するところであり、さらには子どもや家族員を社会化することのほうが主要な機能である。しばしば指摘されているように、高齢者のケア機能は、二次的に考えられているのである。むしろ、家族員の情緒安定や、子どもを育てることのほうが優先される。家族補足的ケアに携わっている施設職員は、高齢者のケアをすることが唯一の家族機能のように考えてい

る。高齢者のケアをすることと他の家族機能とが相互にどのように関連しあっているのかが問いにはならない。極端に言うと家族が持っている資源のすべてを動員して、高齢者のケアをすることを期待しすぎている。そのうえで、施設のケアを考える必要がある。

これは、一時的には、そういうケア中心の介入ということもあるが、高齢者の長期の生活を考えてみると、そのような分担の仕方は、非常に脆弱である。むしろ逆であって、家族が家族相互の成員の情緒的安定という機能を果たしていて、家族員を十分に社会化していて、そのような基本的なものの上に、初めてケアが成り立つのである。家族の持つ基本的な機能を忘れて、ケアだけを家族員に駆り立てていくことは、大きな矛盾である。

むしろ、家族のケア機能を高めようとすれば、家族ケアの責任を解放して、情緒安定だとか、子どもを育てるとかいう方向へ家族を仕向けることのほうが、逆説的であるけれども、より適切なのではないだろうか。このことを家族補足的ケアに携わる者が一番知っていなければならないことなのである。

物理的に言うと、情緒安定機能とか子どもの社会化機能の余力部分がケアの構造を生み出す部分なのである。それにビルト・インしたような形で、それと絡み合ったレジデンシャル・ケアが考えられるべきである。

なお、情緒的安定機能とは、家族にそれを果たす特殊な構造があるのではなく、子どもを育てるという機能とか、老親をケアするということのフィード・バックとして、または、結果として、その機能があるのである。家族は自分を犠牲にして親の面倒を見るのは厭だとか、子どもを育てることを犠牲にして親のケアをするのは厭だとか、物理的な制約された状況から困難性を強調するが、親のケアをすることが子どもを育てることになることを忘れてはならない。また、親のケアをすることが家族員の情緒安定機能を高めることであるということを注目させることが大切である。

このことは、施設職員が家族福祉やソーシャル・ワークの知識を持たなければならないことを意味している。単純な身辺介護のノウハウが職員の資質として必要なのではなく、ソーシャルワーカーとして、家族全体を見ていく、そして家族を全体として支援していくようなアセスメント力と技術力を持たなければならない。そして、そのように施設職員が変わっていかなければならないだろう。

9　家族補足ケアの課題

　レジデンシャル・ケアにおける家族補足的ケアとしての意味づけや、利用施設の意味づけにおいて、補足的な機能を持った方向を考えるならば、特に英国の場合は、レジデンシャル・ケアの持つ致命的欠陥を出発点としたことに注目すべきである。レジデンシャル・ケアは、しばしば、予防とコミュニティ・ケアから出発したと言われている。それは、つまり、長期の利用施設で予防するということから出発したところが外国の伝統なのである。

　しかし、日本では、英国のような否定的な側面の議論はない。しかし、全くなかったわけではなく、R・バートンの『施設神経症（Institutional Neurosis）』、またブレアリーの『老人の居住施設ケア』（Breary, C. P. 1977＝1989）などがあるが、レジデンシャル・ケアに対する批判的な側面が問題にされなかった。

　むしろ住み慣れたところで生涯を終わりたいという素朴なQOLを求めるところから、居宅生活支援事業が生まれた。また施設は、この事業に対する役割を果たすために、ショートステイやデイサービスの機能を拡大していった。

　そのため現実の日本の特別養護老人ホームが「補足（family-supplement care）」という概念を意図しているのかどうかは、疑問である。前にも述べたが、かつての社会福祉の概念が家族の欠損から生まれたが、それが方向転換し、現在は、高齢者のケアが国民の普遍的な問題として浮かび上がり、その地点から高齢者福祉を考えるとき、施設とは、自分たちが高齢者をケアすることを支援する、補足して支援するという期待が起こっている（丸岡 2012：59）。

　一方、英国では、基本は入居施設を利用しない方策を先に考えてから、長期の対策をどのように予防していくのかを中心に考える。次に、家族が果たしてきた機能を再発見して、そこから「補足的なもの」（supplement）も「代替的なもの」（substitute）という発想になるのである。

　しかし、日本では施設否定という歴史はなかった。ある日突然日本人の生活の中に施設が登場してくる。かつては最下層の人々が利用していた施設だったものが、自分たちも利用するかも知れない資源として急に見直されるのである。ケアが自分たちの問題として捉えられたときに、初めてその資源性に着目して、その有用性が「補足的なもの」（supplement）となるのである。それは、誰も自分たちの家族という概念の延長にある資源として受け入れた。そのため日本の老人ホームに「補足的なもの」は、受入れられやすかったのであろう。

また、入居の時期の問題は、指摘しなければならない側面である。

その要点とは、高齢者を抱えている家族に、受け入れられやすい機能を持っていることもあるが、それ以上に、実際には機能を果たそうと思うと、よい時期に対処しなければならないからである。

移転期の問題（problem of transition）として、家族に問題が起きると、すぐに対処しなければならない。よい時期に対処が必要なのである。家族ニーズ（問題）の時期に合わせることが必要である。

本来、家族の能力があるときに、つまり力が余っているときにサプルメントが必要である。そして、家族の能力がなくなったときには、家族代替機能が対処する。こういう意味で時期が問題なのである。そして、それを地域が承認していないと期待どおりにいかないということも忘れてはならない。

V　レジデンシャル・ケアにおける人間関係

1　入居施設の人間関係論

ブレアリーは、『高齢者の居住施設ケア』（Breary, C. P. 1977 = 1989）において、入居施設の共同生活という側面を強調した。また共同生活の消極的な側面を否定はしていないが、「良好なコミュニケーション」が重要であると指摘している。

「話し合いの中で自己を表現することが有益であり、ワーカーがそれをさせる場合もあれば、入所者同士の人間関係を通じてなされる場合もある。居住施設のワーカーはできる限り入所者集団内の人間関係の発展を助長したり、刺激を与えたりするべきである」（Breary, C. P. 1977 = 1989：98）。

彼は、入居者同士の人間関係については、グループづくりを強調している。そして入居施設ワーカーに欠かせない任務の1つとして、グループを発展させ指導していくべきであると言う。

「グループという場は、入所者にとって新しい役割や人間関係をつくる機会となる。もし、老人が今までひとりで住み、その間、ほとんどの人との接触をもっていなかったならば、彼は、仲間グループの中で新しい地位を得、自分の価値を再発見できるであろう。老人は全般的にも、特別の領域でも、共通して体験が豊富である。同じ地域社会での生活が共通の関心をつくり出し、それが最初の会話のきっかけとなり、そこから親密な人間関係がつくり上げられる場合もある」（Breary, C. P.

1977 ＝ 1989：106)。

　具体的には、グループづくりに関わることがワーカーの有意義な仕事であるが、さらには、そのグループの交わりからはじき出されていると感じている人にも注意をすることが必要であると言う。

　また、英国のワグナーレポートの著者、G・ワグナーは『社会福祉施設のとるべき道』(Wagnar, G. 1988 ＝ 1992)で、次のように指摘している。

　「22　『集団生活』(中略)精神発達遅滞のある高齢者、あるいは回復期の精神障害者にとっては、集団生活は完全な入所施設ケアから、さらに自立的な一般のケア付住宅へのステップとなることもある。あるいは、そのような人の中には、特別な援助や係わりをもちながら、もっと長期的な居住を考え、同じような仲間と一緒に生活していくことを望んでいる者もいる。一部の高齢者にとって、プライバシーとは孤立であり、自立するには対処が心もとなく、あるいは不可能な場合がある。彼等にとって、入所施設で行う集団生活は、好ましい解決策として十分に考え得る必要がある」(Wagnar, G. 1988 ＝ 1992：19)。

　以上のようにブレアリーもG・ワグナーも、ともに入居者同士の人間関係に言及している。それをまとめると彼らの考える老人ホームという施設が何に基づいているのかという根幹が理解される。それは、入居者にとって老人ホームが共同生活・集団生活をしている場と捉えている点である。そのため彼等の老人ホームのモデルは、グループホームや地域社会に求められる。

　反対に、わが国の老人ホームでは、現実的にそのモデルは、病院に求められてきた。また、入居者と施設との関係についても決定的な違いがある。ブレアリーらは、施設を共通の障害を持った人々が集団・共同で生活している場だと考えているのに対して、日本での現実的な見方は、介護が必要な人々が集合している場と考えているところにあるだろう。

2　入居者同士の評価

　実際の老人ホーム[5]での入居者同士の人間関係は、どうなのだろうか。

　それは、次のような点が要因として仮説的に挙げられる。老人ホームの入居者同士の最も顕著で常識的に見えているのは、端的に指摘すれば、「お互いの評価が低い」ということに尽きるだろう。それでは、なぜ入居者同士の評価が低いのか。その要因となっているものをまとめてみよう。

①交換するものがない
②他者への評価が低い
③モデルがない
④共通目標がない

「①交換するものがない」こととは、実社会の支配的な社会関係である。しかし、老人ホームにはこの関係が成立しにくい。交換は、相互に相手にとって価値のあるものを所有している状況でこそ起こり得る。

これは、等価値のものを交換できない状態を意味している。老人ホームの入居者には、見舞い客の持ってくる交換し得るものがないのである。情報の点で言うと、生活経験や生活歴である。しかし、老人ホームの中の生活には、これまでの生活経験や生活史が全く価値を持ち得ない。もし老人ホームへの入居が望ましくないこと、よくないことであるとすると、そのような結果に至った者の生活経験、生活史には、価値が見出しにくいのではないだろうか。

老人ホームでは、モノも情報も交換していない。交換関係が人間関係であるので、関係が発展しないのである。具体的には、知識、モノ、労力などの交換が支配的な人間関係であるとすると、それが老人ホームにはないのである。

次の「②他者への評価が低い」こととは、どの集団に属し、そこでどんな地位にあり、そして誰と知り合い、誰と知人であるということであり、自己概念の基本的要素である。そして、それが自尊心の要因であると考える。もしそうであるなら、人は、誰とでも関係を持とうとするのではなく、「よい人、立派な人、尊敬されている人」と結びつこうとする。

何らかの理由によって入居した老人ホームの入居者への世間の評価が低いということにつながっているが、これが入居者同士に影響を与えることになる。家族に見捨てられた人々、家族とよい関係が持てない問題のある人々、家族では対応に困る人々、認知症がある人々というようなマイナスのイメージが、老人ホームの入居者につきまとって、これを払拭できないでいる。これがスティグマ（恥辱）となっている。

現在、老人ホームに入るということが何を意味しているのか。そこには、今もマイナスの社会的なイメージや評価が付着していることを指し示している。そして、それが現代社会での個々の入居者への評価となっている。

例えば、社会的に不興を招く場所であると人々が思っている組織・機関では、友

人関係が生まれないだろう。つまり、同じ境遇だったということで共感的なものはあるが、友情は生まれない。

しかし、このスティグマは、老人ホームを積極的に選択した人々には存在しない。第二の人生を送るという視点から、地域で暮らすより、入居施設を選択した入居者には、このスティグマが全くないという報告がある（Wagnar, G. 1988 = 1992：71）。なぜなら、入居者自身が老人ホームの入居をそのようなマイナスの意味に捉えていないからである。

要するに、人には誰とだから一緒にやりたいとか、誰とだから一緒にやりたくないとかといったことが起きる。さらに人には、誰かと一緒に物事をやりたいとか、自分のことを忘れないでいて欲しいという欲求がある。「結びつきたい」という欲求があり、それは、「その人と一緒に何か（遊び、勉強など）したい」という欲求である。その面では、老人ホームは、一緒にしたい相手に欠けているのであろう。

「③モデルがない」ということは、病院にはモデルができあがっているという点とは対照的である。これまでの経験知から、病院の中での患者同士の振る舞い方は、記憶に叩き込まれている。短い入院の間に、患者同士が助け合って入院生活を送るという形式は、誰もが知っている。

一方、老人ホームには、モデルがない。経験知がない。入居者同士の関係を誰も見たり聞いたりしたことがない。そのため、老人ホームで入居者がどのように振る舞ったらいいのか分からないのである。そのために入居者は、入居者同士との人間関係、職員との人間関係の取り結びかたを誰からも学べないようになっているのである。

病院には、「同病相憐れむ」という関係での人間関係のモデルが用意されているが、老人ホームには、入居者同士のよい関係のモデルがないのである。

「④共通目標がない」というのは、病院が入院患者が治療した後に、自宅に復帰するという目標を持っていることが前提として挙げられることと関連づけられる。この点で共通目標がある。そして、病気は、医師や看護師のすることと、患者自身がそれに応えて、または、それに併行してすることとが一体になって、はじめて治すことができるという信念が支配的である。患者は患者としていくつかのタスクを実行しなければならないし、医師、看護師との信頼関係をつくらなければならないのである。すなわち、病院では、共通の共同ではない目標があって、そのために共通してしなければならないことがあると考えられている。病室の中の患者関係は、

この共通性の上につくり出された、知識、モノ、労力の交換であり、または相互支援であると理解されている。しかし、老人ホームには、こうした共通目標、共通タスクの認識はないのである。

現実に成立している人間関係は、病院の病室での患者同士の関係で言うと、「目標が共通」だから成立しているのである。つまり病気が「治癒すること」が目標であり、患者同士には、それが共通目標だからである。

3　新しい関係の可能性

なぜ老人ホームの入居者同士には、「よい」人間関係が成立しにくいのか。そもそも老人ホームでの入居者同士のよい人間関係とは何だろうか。前項では、4つの仮説的要因から老人ホームには、通常の関係が育たないことに言及した。

この項では、4つの要因を超えて老人ホームにおける入居者同士のよい関係がいかに結べるのかを検討したい。入居者同士の人間関係の新しい関係論の可能性に結びつくプロセスを見てみよう。

ところで、よい関係とは何なのか。

結論を先に言うと、われわれは、この関係を「友愛」に求めたい。老人ホームの人間関係には、友愛関係に意義があり、その友愛をつなげて、それがネットワークする方向にいくことであると考える。

友愛とは、「好き」という感情を相互に持ち、相手が楽しそうだと自分も楽しいということであり、相手の楽しさのために、自分が何かするということを相互に期待し合っている関係である（船曳 1993：122）。何か1つの共通目的を持って活動する結びつきではなく、何をしていても楽しいような関係である。また相手の楽しさが自分の楽しさであり、相手と一緒にすることが楽しい結びつきでもある。この特長は、かけがえのない者として相手を尊重していることによって、相手に「情報や知識」や「物や労力」を提供したり、一緒に喜び、一緒に悲しむ、共感するなどの結びつきである。これがよい関係であると考えられる。

そして、この友愛が「よい」という根拠は、それが自己概念と自尊心の基盤になる点、また、問題への対処の意欲、能力を高めてくれる点の2つだろう。

しかし、現実の老人ホームでは、実際にはサービスをただ享受するだけの集合になっていることが多いのではないだろうか。つまり、入居者同士が結びつく関係ができていないし、それらを友愛につなげるような環境もない。そのような状況を克

服するには、敢えてそういう場面をつくる必要があるだろう。

　よい関係が偶然にできあがるものであるなら、援助の方法をつくり上げることはできない。偶然では、援助のしようがない。しかし、よい関係は、本来、つくり上げるものであると考えるほうが自然である。

　友愛関係をつくるためには、協働関係をつくり上げることを目標にすることである。協働関係は、1つの目標に向けて、任務の遂行を励まし、助け合うような関係である（船曳 1993：140-155）。この関係は、共同の目的を実現するために割り当てられた任務を分担し合っている者同士の関係で、相互に任務の完全な実行と、必要ならば、励まし、支持し、時には代行を期待し合う結びつきである。

　われわれは、この協働関係が連帯、友愛のネットワークをつくる条件であると考える。逆に言うと、協働関係が欠けて、1つのものを共用し合う者同士の関係は規制関係に傾斜しやすい。

　そのため、このような協働関係をつくることが重点となってくる。ここでは、その方法論として、具体的な援助の方策を検討したい。第1は、まず「出会いの場」をつくるという方法である。第2は、「協働関係」をつくり上げる方法である。

　現実的には、入居者同士の人間関係への重点を置いた活動が実施されている。共同して、1つのことを一緒にすること、そして協力すること、そういうことから人間関係が生まれる。つまり、これらは「対人関係、仲間を作る、役割を得る、自己意識、現実意識への刺激、礼儀や協調性」という社会性、社会関係の維持、回復にねらいを置いている（長濱 1993：100）。そして、集団の中の人間関係をいかに構築するかにかかっている。

　これまでの議論を踏まえて、老人ホームなどの施設における「人間関係」をまとめてみよう。

　現実の人間関係が成立する条件とは、次のように3つのものが考えられる。

①何回も顔を合わすこと
②共通の目標があること
③分かり合えること（共通体験）

　病室では、患者同士がお互いに励ましたり、助言したり、慰め合ったりしている。これは、サポートする関係である。また、時には手伝いをする関係が成立している。これは、アシストする関係である。つまり病院での患者同士には、「支持関係」が成立していると言えるだろう。

この支持関係の成立する可能性が老人ホームで求められるべきであろう。
　病院で患者同士の人間関係が成立している要因は、目標を共通にしているからであろう。老人ホームの入居者同士に、目標を共通にすることから人間関係が生まれてくるのではないだろうか。支持関係が他の目標に拡大される。それから「連帯」が生まれるのである。
　老人ホームで入居者同士に連帯関係が生まれることを目標にしたような「出会いの場、趣味のグループ」という提案は、実際には可能であり、またそのような実践報告も存在する。しかし共通目標ではなく、共同目標で結びついたグループが生まれる可能性はないのだろうか。
　そのためには、入居者同士の共通点を確認することが出発点になるだろう。入居者の共通点とは、施設での生活をするという何か運命的な出会いを共有しているという共同性、施設での入居者同士が共通の満足に影響を及ぼす要因への共通性である。この共通点と友愛をつながりが、連帯を生み出すということが、入居者のネットワークを生み出していく可能性が求められるのではないだろうか（加納1996：194-203）。

4　施設の共同生活のルール

　通常、共同生活とは、多数の人々が集団で生活することを言う。そして、そこでは、生活手段を共用したり共有することによって、ルールが生まれる。また、そのような生活手段を共有することによって、その生活手段を超えて、人間関係が自然に生まれるのである。それを共同生活と言う。そして、施設の入居者の生活は、言うまでもなく共同生活である。時には、集合生活と表現されることもある。
　さて、共同生活は、どのような手段を「共用」しているのだろうか。
　「財」としては、建物、土地が同一であることによって、土地の敷地内にある建物等の共有は、もちろんのこと、物理的に限定された生活空間を共有していることを意味する（船曳1993：116-121）。また、設備（居室、食堂、風呂、便所、居間、娯楽室など）も共用している。そして「サービス」の共用としては、食事、風呂、排泄などについて職員のケアである。
　このように財・サービスを共用するとき、誰もが平等に使用できるという観点と手段を維持する使用方法のルールが生まれる。そして、相互に期待し合うようなルールが生まれる。

このようなルールの決まり方は、次のような展開になるだろう。
① 共用の設備の数と種類が多いほど、規則が多くなる共用される施設面積が広くなればなるほど、規則の数も範囲も広がる。施設の種類が多くなると、生理的な面だけではなく、他の生活領域にまで広がって規則が増えていく。この必然性は、共用の施設面積に比例して増加する傾向となる。
② 利用密度が多ければ多いほど、規則が厳しくなる。例えば1人で利用している居室が、2人部屋、4人部屋になると規制が徐々に厳しくなる。
③ できあがった規則は、守らせるという強制が伴う。ルールが周知徹底されていくプロセスにおいて、その条件として、ルールが平等に実行されることに重点を置く場合には、罰をつくって実行される。時には、ルールよりも罰が施設のなかで大きな影響を持ってくる。ルールを守ったら誉められ、守らないと罰せられる。
④ 1つの手段を共用していると、1人の意向では変えられない。できあがった規則は、改めにくいものになる。規則が公平に実行されることが基本で、それに実行が伴い、入居者のことを考慮して規則を変更することよりも優先される。管理者の都合で決められることがある。
⑤ 管理者が複数の施設を所有していると、その全体の施設の整合性を追求することになる。そういう場合には、管理者にとっては能率、効率が意義のあることとなる。風呂の時間、夕食の時間が決まってくることが多い。
⑥ 規則の種類が増えてくると、規則の意義が分からなくなる。「それが規則だから」ということだけが残る。どのような経過で生まれたのかが不明で、不合理で、不平等な規則であっても数が多くなっていくうちに、意味が不明のまま温存されていく。例えば、中学校教育における多くの規則（男子頭髪の丸刈り、制服など）は、教育という観点から見て不合理な面が見受けられる。そのような規則の意義が不明になったものは、守ることに苦痛が伴う。本来の目的から外れているのに、なぜそのような規則ができたのかが全く理解できない場合が往々にしてある。
⑦ 標準化する。入居者であるAもBも同じようになり、画一的になる。そのために、標準化した人物として扱われる可能性がある。
⑧ 人間関係のあり方が決まってしまう。掃除の班、食事の班、娯楽の班でも、同一人物が班長となる。権力の序列化が生まれる。それぞれの個性や能力に応じ

てリーダーが決まるのではなく、最初に決まった関係で、すべての局面での序列が、すべてに併用される。

このように入居者は、朝から晩まで、ルールに縛られている。施設の共同生活にとっては、そのようなルールの呪縛から、いかにして逃れることができるかが課題となるだろう。

むろんルールには、許容範囲、適用範囲が存在する。これを「自由度」と言うことにしよう。施設生活には、共用が多いので、生活の仕方に規制化がある。それを「生活の規制化」と言う。問題は、やはり自由度にかかっていると言えるだろう。つまり、少しくらいルールを破っても問題にならないような自由な雰囲気が必要なのではないだろうか。ルールを少し守って誉められ、少しルールを守らないと怒られるような施設は、許容範囲、適用範囲が少ない。少しくらいルールを破ってもいいというような自由を認めることが共同生活の意義ではないだろうか。

5 インスティテューショナリズム

規則化している生活が「施設化」の始まりとなる。

ゴフマン（Goffman, E.）は、著書『アサイラム』（施設被収容者の日常世界）のなかで、「そのうちある種の施設は、包括性の程度が大きく、他の施設とは明確に異なっている」とし、「たとえば施錠された扉・高い塀・有刺鉄線・断崖・水・森・沼地池のようなもの、に組み込まれている離脱への障碍物によって象徴されている」（Goffman, E. 1961 ＝ 1984：4）。

生活手段を共同して、共同生活を営んでいる人の集合体を経験的に観察すると、次の4つの類型に分類できるだろう。それは、「①精神病院、療養所、老人ホームなど（長期的な期間にわたって、一つの目標を持って、自分が生きるための手段としてサービスが持続的・反復的に必要である集合生活をしなければならず、結果として集合生活となった）②兵営、船舶など（他律的に目標が立てられたために、多数の人の持続的に労役が必要で、しかも目標達成の期間が長いために結果として生じた集合生活）③修道院、寄宿学校など（目的の共通を持った集合生活）④刑務所など（生活の規律が厳しく、自己の意に反して、人々を拘束することが目的で、結果として集合生活が生じている）」（Goffman, E. 1961 ＝ 1984：4）[6]。

ゴフマンは、それを「全制的施設（a total institution）」と呼んで、このような施設の持つ問題を次のように指摘している。

第7章　レジデンシャル・ケアのメタ・クリティーク

「第一に、生活の全局面が同一場所で同一権威に従って送られる。第二に、構成員の日常活動の各局面が同じ扱いを受け、同じ事を一緒にするように要求されている多くの他人の面前で進行する。第三に、毎日の活動の全局面が整然と計画され、一つの活動はあらかじめ決められた時間に次の活動に移る。つまり、諸活動の順序全体は、上から明示的な形式的規則体系ならびに一団の職員によって押しつけられるのだ。最後に、様々の強制される活動は、当該施設の公式目的を果たすように意図的に設計された単一の首尾一貫したプランにまとめあげられている。」(Goffman, E. 1961 = 1984：6)

この4つの特徴は、施設を端的にかつ象徴的に捉えている。簡便に言うと、施設での「すべての入居者が、同じように、同時に、同じ場所で処遇される」という点を指摘しているのである。

さらに、ゴフマンは、「自己喪失」も指摘し、次のように説明している。

「帰属するものを何も持たずには、われわれは確固たる自己を持てない。しかるに何らかの社会的単位への全面的な傾心と愛着は一種の自己喪失 selflessness でもある。一個の人間 a person であるというわれわれの意識が、大規模な社会的単位に帰属することに由来するならば、われわれが自己を所有している self-hood という意識は、その引力 the pull に抵抗するときの様々の些々たる仕方に由来するのである。われわれの〔社会的〕地位が世界の様々の強固な構築物に裏づけられているとすれば、われわれの個人的アイデンティティの意識は往々にして、その世界の様々の亀裂を往処としているのである。」(Goffman, E. 1961 = 1984：317)

つまり、このように共同生活の分析から自己を見失っていくメカニズムを解明している。

またブレアリーは、老人ホームの入居者の生活について、ゴフマンの4つの共通の典型的な特徴とは別に、「重要な特徴」(Breary, C. P. 1977 = 1989：23-25) として、次の7つの点を挙げている。

①日課と行動の『儀式化・標準化』が普通に見られること……日課遂行のスケジュールが固定化する原因としてよくあげられるのは職員の不足である。病院のベッドは、すべて朝食前に整理しなければならない。したがって、全患者は、7時30分までに起床し、着替えなければならない。老人ホームの家事担当職員は、厳格なプログラムに従い、朝のお茶の準備をする前に掃除に取りかかる。したがって、入居者は毎朝9時にカーペット掃除がすむまで居間を利用

できない。このような例は無数にある。
②融通がきかず、柔軟性にかけること……これは職員の行動パターンだけに限らない。老人ホームや老人病院の入居者の多くは、ラウンジや食堂で自分の座る椅子にこだわる。領域権を侵害すると強烈な反撃に出会う。非常に細かいところで、侵すことができない日常生活のパターンが共同生活集団の中に形成されているのである。
③個人のプライバシーが制限されること……大きな病棟、数人同室の老人ホームの寝室といった物理的な要素によって「個人のプライバシーが制限」される。
④ブロック・トリートメント……一定の場所で生活したいというニーズを入居者がもっているため、儀礼化が見られ、柔軟性が欠如しがちである。施設で生活する人々全員を同じ方法で処遇する、このようなブロック処遇は個性をなくし、自尊心を低下させる原因となる。したがって、なんらかの個人的所有物、例えば、個人の椅子や個人のコーナーを保障することが必要となる。
⑤入居者グループとより少数の職員グループとの間の分裂……後者がより大きな社会システムへ統合されていることと、入居者や患者が身体的、精神的ケアを受けるために職員に依存していることが原因である。ステレオタイプ化の過程が始まり、両グループ間の敵対感情が発生する。職員側から見ると入居者が援助を拒絶しており、しばしば反抗的で、非協力的だということになる。患者や入居者はしばしば罪悪感や不安感をもち、職員の力を恐れ、傷つきやすくなっている。
⑥非人格化……⑤のような分裂から、この非人格化が発生している。それは入居者の個性や全体性の認識を否定するという形で発生している。名前（ファーストネーム）を呼んだり、高齢者を「おばあちゃん」とか「おじいちゃん」と呼ぶことが、愛情や親しみを表現するために行われるかもしれない。しかし、それは人間性を奪う結果となりがちである。氏名や肩書きで呼ばれる権利を認めないことによって、人を対象物化する危険性が常にある。多くのホームや病院は清潔で、申し分のない食事を提供してくれるが、職員が良くないと思われている。
⑦役割喪失……役割喪失は加齢の結果である。老人ホームの入居や病院への入院にも役割喪失が伴う。閉ざされた環境へ入る人々は、多くの積極的な役割を置きざりにする。彼等は借家人や世帯主や隣人ではなくなる。牛乳屋に支払いを

する人でもなくなり、家賃支払いの書類を保管したり、年金を受け取る人でもなくなる。このような役割の喪失や、重大な生活上の転換時の人間関係が重なり合って、著しい非人格化状況が発生する。入居施設に入居しても、高齢者には自尊心を回復し、自己概念を再構築する機会のあることが重要である。そのための援助方法のひとつは、職員が、入居者の尊敬を受ける権利と個別性を認めることである。

このうち①、②、③は、設備が共用である場合に生じているものであり、④と⑤と⑥はサービスが共用されている場合に起きるものである。そして、⑦は、閉じられた形で起きるものである。

ゴフマンの述べた生活全般の4つの施設の特徴や、ブレアリーの施設の7つの特徴は、ともに、施設というものの持っている問題性を指摘しているのであり、それが入居者にとって、様々な問題を引き起こす原因であると言っている。

例えば船曳は、a total institution について、「それは、入居者の自律性、自己決定を許容しないものです。入居者は、自分の意志を放棄していることを示すように仕向けられ、自己の信条に反する、あるいは価値を見いだせぬ行動をさせられているのです。強力な統括と統制は、不適切な協働関係を維持するために行われるものと理解します」（船曳 1993：152）と言い、それが自己が育たない生活であり、自己が選択できない生活であることを指摘している。

6　施設神経症

R・バートンは、病院や施設に入居している人々に特有の病気の症状を「施設神経症（Institutional Neurosis）」（Barton, R. 1976 = 1985）と名付けた。

それは、施設神経症の8つの要因（Barton, R. 1976 = 1985：12）である。

①施設の外との接触がない、
②ぶらぶらしていることを強いられる
③暴力、おどかし、からかい
④職員の専横さ
⑤友人、個人の所有物、個人的な事象がない
⑥薬
⑦病棟の雰囲気
⑧施設外のことに対する抱負がない

そして、その臨床像を「無気力、自発性の欠如、関心の喪失、特に自分とは直接関係のない事象への関心の喪失、受動的服従、粗野で不公平な命令に対しても憤りの感情を表さない、将来に対する関心、計画を立てる能力の欠如、日常的習慣の喪失、没個性、物事はどうしようもなく続くという諦め、特有の姿勢で、重度の場合では、昏迷状態のようであり、一日中声を出さず座ったままで過ごし、軽度の場合では、施設内生活を楽しんでいるようで、しかし退院の援助に対しては抵抗を示す」（船曳 1993：152）と報告している。

　ブレアリーは、この「施設神経症（Institutional Neurosis）」を次のように説明している。

　「人格が徐々に侵されるにつれ、患者や入所者はますます依存的になり、その結果無気力や引き込もりの状態になる。椅子に身を沈め、頭をたらし、ほとんど何の表情も示さず、周囲の出来事にも全く関心を示さない老人患者の状態が典型的な結果である。老人は特に施設神経症に罹りやすいように思われる。それは、施設神経症がすでに述べた閉鎖的な生活の中の否定的要因、すなわち儀礼化、融通のなさ、プライバシーの欠如、役割喪失と関係があるからである。」(Breary, C. P. 1977 = 1989：26-27)

　R・バートンが示したこれらの臨床像が病院という施設の環境そのものが原因であるとして、その環境を改善する必要性を説いている。彼は、臨床像が改善された例について、次のように8つ挙げている（Barton, R. 1976 = 1985：52-53）。

①外部世界と患者との接触を再構成する。
②週7日間、1日14時間にわたって、有益な仕事、レクリエーション、社会的催しというような日常的活動を導入する。
③暴力性、威嚇的態度、いじめを根絶する。
④親愛、受容、援助の態度をもつように職員の態度を変える。これは命令でできることではなく、ときとして精神分析により可能である。
⑤患者を元気づけ。友人や何か夢中になれるものをもてるようにし、また個人的な催しを楽しめるようにする。
⑥可能な範囲で薬を減らす。
⑦病棟に社交的、家庭的、許容的雰囲気を取り入れる。
⑧病院外に住居、仕事、友人関係、その他より満足できる生活のあり方といった可能性があることを、患者に気づかせる。

このように病院の環境を変えると、臨床像が変化する。そのことによって、神経症が経験的に改善された。精神病院でも、老人ホームでも同様のことが言えるのでないだろうか。

また、日本で最初に、R・バートンの施設神経症（Institutional Neurosis）を紹介した杉村は、次のように説明している。

「客観的な要入園理由に加えて、老人自身の精神心理面になにか原因が考えられないか。つまり、客観的な要入園原因にたいしてどんな心理反応を示していたか、貧乏をどのような思いで経験していたか、そのような点が検討されなければならない。要約的に言えば神経症的な反応を示していた老人が施設にはいると、施設の集団的レジメンテーション（規制）にきわめて鋭く反応し、入園以前の神経症的傾向と新たに結びついて施設老人特有の神経症をひきおこすことを実証的な集団症例研究を通してまとめたのが前述の 1951 年出版の R・バートンの『施設神経症』（Institutional Neurosis）の考え方である。施設老人の心理的取り扱いについて新しい示唆を与えた資料である。」（杉村 1972：258-263）

上記の病院の例からレジデンシャル・ケアの環境への改善を具体的に提案すると、それは、共同生活において食事などを小グループで行うことになるだろう。大きな集団を小グループに分けて、自由に食事を選択することによって、施設神経症が治ったと報告されていることに着目する必要があるだろう。

すなわち、自己決定が改善を生み出すことに注目すべきであるだろう。自由度を高めることで改善が生まれたのである。それには、自己を働かせることが有意義である。そして共同生活における小グループ運営によって施設神経症が治癒したことから言えることは、ルールの自由度が増したことである。

7　共同体験の必要性

入居施設の生活におけるインスティテューショナリズムや施設神経症は、ネガティヴな側面だけを強調したものである。しかし、この共同生活という側面の特徴は、他方では、積極的な側面も十分に認められる。そのためには、共同生活の根幹である入居者同士の関係が「規制関係」であることに注目することから始める必要があるだろう。

規制関係とは社会関係の典型であり、次のように説明されている。

「共同関係にある者はその規準に対する共同志向をもち、その維持を求める関係

にあります。共同志向の対象になった規準を規範と表現しますと、この共同関係にあるものは、この規範の維持のため、相互に拘束と強制とを加え合う活動の関係に置かれています。そして、この関係を指導あるいは管理する活動（統制）を営みます。この関係は規制関係といわれるものと理解します。」(船曳 1993：145)

このように、入居者が外部との関係を喪失すると、施設の利用の仕方を規制し合うような関係だけでなく、同じ見方、同じ考え方で規制するような関係となる。そのため、これを守らないと非難されるようになるというところまで広がっていく。

これが老人ホームなどの施設の集団の中の問題となる。施設の人間関係ばかりを強調していると、このような規制関係が生み出される。人間関係への着目が、ついには、このような問題を生み出すことに、われわれは注意をしなければならない。行為様式を同じくしない入居者を非難、排除したり、お互いが同じようにすることを求め合う。これでは、協力関係は生まれない。

また、暗黙のルールもできあがる。ルールを守るということは、規則を守ることを相互に期待し合う関係になることである。さらには、規制の範囲が広がることも生じる。規制の範囲の拡大は、他のことまで規制が期待されていくことである。例えば、学校の教師が先生らしく、銀行マンがその職業にふさわしいような態度や風貌などを求められていくのと似ている。

このような規制関係は、結局、自分で判断したり、見通したり、選択することなどをしなくなることを意味する。規制に対して従順になる人間が育っていくのである。

老人ホームで言うと、入居者同士が規制し合うのではなく、協力し合う、助け合うような生活をつくることが基本である。規制関係からの転換が求められるであろう。

すなわち、居室や風呂や便所を共用している人間関係から生じたものは、前項で述べたように、お互いが規則を守ることであった。そして、そのルールとは、他の入居者に迷惑をかけないということであった。そのような人間関係の意味は、他の入居者と積極的に関わらないでおこうということである。それは、入居者同士が「関係がないという関係」をつくり出すのである。このような関係の改善が求められるべきである。

また、ルールをできるだけ少なくしていくことが自由度につながることも指摘してきた。もちろん、手段の共用をしているために、一定の限界もあるが、それに

は、協力し合うような関係づくりが試行されるようになることである。

　そのためには、具体的にどうすればよいのだろうか。それには、老人ホームの原点とも言える施設を共用し合っていることをもう一度再検討することである。

　それは、まず共同関係という言葉が持っている意味を変えていく試みである。つまり、規制関係から脱却する方法が老人ホームに求められるのではないだろうか。

　第1の提案は、ルールの発生をできるだけ減少させる方法を取ることである。

　具体的には、共用部分をできるだけ少なくするという提案である。共用している種類を減らすことである。なぜなら、共用になると、それを維持することに入居者らが関与する部分が減少することにつながる可能性が生まれるからである。そして、できるだけ他の別の施設（外部）を利用することである。また、できるだけ身体を使うことである。さらには、設備の密度を低くすることであるだろう。居室の面積をできるだけ大きく広くすることである。2人部屋よりも4人部屋では、派閥が生じて、意見の食い違いが起きる可能性があるだろう。

　第2の提案は、具体的には、現実の老人ホームにはない共同の設備への関与が挙げられる。協同で使用する設備への関与とは、「便所掃除」等が基本的なポイントになる。入居者がベッドメイキングをしたり、掃除をしたりするような試行体験である。

　この提案の内容を別の言葉で説明すると、それは「共同体験」がふさわしい。入居者同士が共同体験をする場を提供するという提案である。居室で言うと、仕事の分担をすることであり、協力し合うことである。それがベッドメイキングであり、掃除であり、特別養護老人ホームなどでは、入居者が決して実施していないことである。むろん認知性の入居者には、このことが不向きである側面が否めない。しかし、通常、一緒に仕事をする関係とは、励まし、助け合う関係であり、この関係ができていくことが、ルールの意味を変えることにつながる。ルールを単に守るという意味が変わる。規制関係ではなく、他の入居者への配慮が生まれて、「汚さないでおこう」という気持ちが起きて、入居者同士に別の気運が生まれてくるのではないだろうか。それは、村落共同体のような関係であり、軍隊や修道院の中で実施されている入居者同士のような一種独特の共感できる共同体験の関係である。

　つまり、共同目的を持った協働関係こそが、老人ホームには求められるべきだろう。それには、個別化を図る必要があるだろう。

Ⅵ　レジデンシャル・ケアの再構成

1　レジデンシャル・ケアの固有性

　第Ⅱ節のレジデンシャル・ケアの論点のなかで言及した高齢者の生活の機能についての検討を踏まえながら、レジデンシャル・ケアの固有性をメタ・クリティークとして示したい。

　結論を先取りして言うと、レジデンシャル・ケアの固有性は、老人ホームでの生活（生活の主体）にある。したがって施設での生活の機能として、入居者の決断を助けることが有意義になるだろう。それは、トータルに高齢者の生活を充足することでもある。選択すること、比較衡量すること、これらは決断を助けることである（丸岡 2012：63）。これがレジデンシャル・ケアの内容の主要な部分であることを再度認識する必要がある。介護（ケア）が、単なる介助だけではなく、生活理念と価値観の体系との結びつきがレジデンシャル・ケアには意義のある要素となるであろう。

　レジデンシャル・ケアの固有性への概念経路は、以下のような概念規定から徐々に展開して、社会福祉概念へ到達する。そして、また社会福祉の全体の中でそれぞれがどの部分に位置しているのかが解明されるべき命題であるが、それは、機能と構造から導かれる。

　施設ケア論文で言及した対象としての「生活問題」は、「生活の主体の危機」（船曳 1990：181）であるとしたが、その生活の主体は、以下のように規定される。

　「反自動的、反復的に営まれる日常生活活動に現れる主体、将来の望ましい生活を構想し、その実現を図る営み、あるいは将来の生活を損なう危険（リスク）に備える営みに現れる主体、収入が途絶える、家族と死別する、不治といわれる病気になる、あるいは災害などで家財を失うといった生活の同一性を損なう不慮の事態（ハザード）に対処する主体の三つの部分からなると考える。」（船曳 1990：181）

　社会福祉は、この3つの生活主体の営みに、基本的要素の概念（「ケアとしての社会福祉」、「開発的な社会福祉」、「予防的な社会福祉」）が対応される。社会福祉の介入するべき対象となるのは、3つの生活主体に対してであり、そのための社会福祉の方法には、「ケアや相談や開発」があるという（船曳 1993：218-219）。

　再度、この生活主体を整理すると次のようになる。

　①日常生活行動（役割遂行能力）……ものに働きかけること

②危機対処（危機対処能力）……判断（観念）に働きかけること
③将来の生活を構想し実現を図る（コミュニティ、連帯関係を営む能力）……対人関係に働きかけること

以上のように生活主体と社会福祉の概念との関連を踏まえたうえで、この社会福祉の概念の中で、議論の本題であるレジデンシャル・ケアがどのように関連しているのかという概念地図が求められる。

社会福祉の中にある固有性にこそ、レジデンシャル・ケアの存在理由がある。

社会福祉との関連性を欠いたレジデンシャル・ケアは、単に看護ケアと同一視されるようなケアや家族が実施しているようなケアになるだろう。

それでは、いったいこの3つの生活主体とレジデンシャル・ケアは、どのように関連づけられるのか。

通常、老人ホームなどの入居施設を利用するということは、それは生活の主体の危機として捉えられる。また同時に、レジデンシャル・ケアであれ、在宅ケアであれ、高齢者の生活主体への具体的な社会福祉の介入については、次のような点への注意が必要であろう。

「高齢期はまた、死別、別離あるいは離職などによる『喪失体験が重積する』ライフステージでもある。悲嘆をくぐりぬけ、新しい対象関係を樹立することが課題である。高齢期は、喪失、挑戦、不充足といった危機が繰り返し起こるライフステージである。高齢者の危機への対処に個別的に介入し、援助する活動と、地域社会に危機への積極的対処を可能にする条件を整備しなければならない。」（船曳1991：185）

2　レジデンシャル・ケアの要素

施設ケア論文で明らかにしたのは、ケアとコントロールとアコモデーションという3つの要素からレジデンシャル・ケア（施設ケア）の全体像への道筋を求めたものであった。

レジデンシャル・ケアの基本的な3つの要素を再掲してみよう（丸岡2012：59）。

①ケア（Care）
②コントロール（Control）
③居住施設（Accommodation）

そこでは、図7-4のように、レジデンシャル・ケアが含まれる大きな全体の中でどんな位置で働き（機能）、そしてそれはどんな部分からなり（構造）、諸部分はどう振る舞い、相互にどう関連し合っているか（過程）の知識体系を構成することにあった。

　竹内は、「特別養護老人ホームにおけるレジデンシャル・ソーシャルワークの概念」の中で、筆者の施設ケア論文の要約と説明を試みている（竹内2013：27-30）。

　「レジデンシャル・ケアと呼ばれる概念を『機能』と『構造』という側面から捉え、（中略）…レジデンシャル・ケアという機能は『全体』を構成する『部分』（要素）として捉えることができる。その要素は、『ケア』という単独の要素だけではなく、他の要素と関連し合って『全体』（構造）を構成するという意味連関を示す。すなわち、構造の全体像のなかの『構成要素』は、この要素間の相互の関連が『構造』へと繋がる。それは下の図で示すようにケアとコントロールとアコモデーションの要素によって説明できると述べている。」（竹内2013：27）

　論文の核心である構成要素について、竹内は、以下の図7-4で示した（竹内2013：27）。

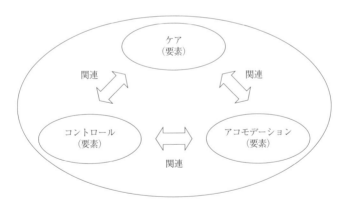

図7-4　「レジデンシャル・ケア」の構造のイメージ図

　これらは、人間の生活行動をどのような種類に分類するのかによって決定される。特に、レジデンシャル・ケアでは、この3つの要素が混合しながら実施されている。実施内容を単純に整理すると、次のようになるだろう（丸岡2012：63）。
　①ケア（Care）人間の身体に関わることへの介入（介助、あるいは介護）

……「実行する行動」
②コントロール（Control）　人間が何をするのかを決めることへの介入（プログラミング、自我機能を助けること）……「意思」「プログラム行動」「計画行動」
③アコモデーション（Accommodation）　場、地位の維持（使いやすいように維持管理すること）……「場を作る」（丸岡 2012：63）

　ケアは、通常の身体的な「介護」の意味であり、レジデンシャル・ケアの中で最も顕著に実施されていることである。
　コントロールは、「今日誰と食事をするのか」等を自己決定することに対する援助という意味であるが、現実に実施されているコントロールは、そうではない（丸岡 2012：63）。それは、「施設で危機的なことをしない、汚いものを食べることを禁止する、画一的な食べ方をさせてしまう」というような積極的ではない指示、命令というレベルで実施されている状況がある。反対に、積極的なコントロールとは、「家族に手紙を書いたらどうか」と示唆することである。
　アコモデーションは、人間全体の自己決定などを包括した場、地位、役割が設定されている状態の維持である。「掃除機を修理し、ベッド・メイキングし、家を補修する」。アコモデーションは、一度与えられたら、そうたびたび動かさないという特徴がある。

3　レジデンシャル・ケアと行動様式

　レジデンシャル・ケアの 3 つの構成要素を人間の行動の類型から考察する。
　人間の行動から観察することによって、施設内での行動に対して、それがどのように把握され、または、どのように取り組まれているのかという指標が明確になるだろう。
　人間の行動様式は、①物があって、②意思決定があり、③身体を動かす、ということが言えるからである。本来、レジデンシャル・ケアでは、人間の行動のすべてを包括する場でなくてはならないというところから、この基本的な要素が、行動の類型の中に、どのような具体性を伴うのかが問題となる。
　特に、この関連で言うと、「場」をつくって意思決定がなされるという点が重要であり、「場」が可能性をつくり出すということである。言うまでもなく、社会関係とは、地位と地位との関係のことである（船曳 1993：134-135）。

日本のレジデンシャル・ケア論の中で、抜け落ちているのは、「時と場」を判断することである。具体的に言うと、例えば、クライエントに対して、洗濯する判断を助けること、すなわち、家でするのか、クリーニングに出すのか、これは、非常に高度な判断である。雨が降っているような天候のことも配慮しなければならないであろう。さらに、旧友との親交を深めたり、手紙のやり取りをしたりすることへの援助も、現実には存在する可能性がないとは言えないだろうが、多くのレジデンシャル・ケア論には見出せない。入居者が何をどうするのかという判断をあらかじめ予測して積極的な援助することになる。この点に対する具体的な方法が専門的処遇論に高められていく必要があるだろう（丸岡 2012：61）。

　人間の行動様式から導き出された「場があって、考えて、身体を使って行動する」を具体的に検証してみよう（丸岡 2012：61）。

　これは、すなわち、「場」があってこそ、それらが可能になる。その様式を援用した方法でレジデンシャル・ケアについて、例えば「入居者が買物にいくこと」に対する援助ということで考えてみよう。施設ケア論文では、この「時と場」をレジデンシャル・ケアの基本概念において、以下のような説明を試みた（丸岡 2012：60-61）。

　買物は、経済的な行為であるとともに、法的には契約関係でもあり、また、社会関係でもあるだろう。何を買うのかという選択を判断し、売主との関係では交渉も必要である。これらへの援助の介入も必要である。また、個人の嗜好の範囲でもあり、それに対応することは、人間の成長を促すことでもある。似合っているのか、好みに合うのか、他者に不快な思いをさせないか、これを買うことで子どもの物が買えなくなるというような配分の判断も必要である。これら一連のお金と時間の配分こそが施設生活に決定的に重要であることを認識する必要があるだろう（丸岡 2012：61）。

　社会福祉概念の中のレジデンシャル・ケアとの関連は、次のように求められるだろう。老人ホームの機能は、多角的な欲求充足の場ではない。その固有性は、主体を助けることにあることを認識しなければならない。比較し、選択すること、これが社会福祉の固有性なのである（丸岡 2012：61）。

　さらに、固有性を追求するならば、ワーカーがクライエントの決める過程を助けること、適切な行動を助けること、コントロールの機能が必要である。しかし、現実の老人ホームがトータルなことを充足する施設とはなってないことをあらかじめ

認識する必要があるだろう。老人ホームの機能は、単なる漠然とした生活全体をすべてにわたって援助することではない。レジデンシャル・ケアの中の特定の生活の部分に対して、ある一定の条件の中で特定のケアを実施するという専門性が求められる。そのためトータルな欲求充足という意味は、入居者の生活全体を助けることに主眼を置くということである（丸岡 2012：61）。

4　場の提供と関係性

　レジデンシャル・ケアの特徴としてのアコモデーションは、入居者へのアプローチが中心となる。具体的には、「場」の提供ということになるだろう（丸岡 2012：64）。

　そして、「場」を提供することで、そこでの関係性ができあがる。それは「地位と役割」という関係であり、この関係性を抜きにレジデンシャル・ケアはないのである（丸岡 2012：64）。

　この関係性は、レジデンシャル・ケアのなかで、かなり複雑な様相を見せている。

　レジデンシャル・ケアは、同じ入居者と入居者との関係、スタッフと入居者との関係、寮母と入居者との関係など、様々な関係で成立している。この関係は、単独で成立しているのではなく、関係という中で成立しているのであるから、相手がそれぞれの関係を認めているということが前提となっている。

　この「場の提供」こそが、レジデンシャル・ケアの可能性をつくり出すのであるということに注目する必要がある。レジデンシャル・ケアの中だけの関係性であっても、大きな意味では、社会関係も、同様に地位と地位との関係、役割と役割の関係であるために、関係の重要性に着目する必要がある。

　そういう点では、特に日本のレジデンシャル・ケアのケア論には、アコモデーションの概念が欠落している。老人ホームの中の関係という文脈では、寮母と入居者との関係のことを指し示しており、「入居者同士の関係、仲間づくり」のテーマが少ない。集団生活をどのように営むのかについての示唆が欠けているのである。老人ホームの家族論には、家族の面会の日の設定や家族の参加、ゲストルームの開放などが頻繁に登場するだけである。

　このようなところから、レジデンシャル・ケアに決定的に欠けているのは、まさにこのアコモデーションという場の関係性をどうしていくのかにかかっている。入

居者に対して、お金の配分、時間の配分をどのように援助していくのかという具体的方法が必要である。入居者が一日の中で1人の個人として主体的に働く「場」が強調されなければならない。

　実際のレジデンシャル・ケアとなると、勢い老人ホームでの寮母と職員との関係、入居者同士の関係の「場」という観点から、慈善的な動機の深さが強調されてしまうことになる。そのため、その考え方は、究極的には入居者の人権を守らなければならないという結論に導かれていくことになる。ここには、一緒に暮らす者同志の「仲間づきあい」ということに着目する議論が全くないことに気がつくだろう。

5　自己決定と集団生活への関与

　日本のレジデンシャル・ケア論の特徴は、前にも触れたように、施設で入居者の介護をどのようにするのかに力点が置かれてきた。そして、病気に関することやリハビリテーションや地域とのサービスの連携が大まかな内容となっている。

　このような展開からすると、レジデンシャル・ケア論の将来の展望は、サービスの向上や職員の専門性に帰着することになる。さらに利用している入居者同士への介入が捨象されて、地域や家族との関係への介入ばかりが議論されているのが現状である。このような内容では、入居者の自己決定への介入や入居者の集団への関与という概念は派生しない。

　特にレジデンシャル・ケア論の中に、最も決定的にないのが「高齢者の自己決定、高齢者の集団過程」などの「小さな自己決定」に老人ホームの関係者が関与することがない点である。このようなコントロールの必要性が強調されるべきであると思われる。

　ここで言う「小さな自己決定」という意味は、入居者に対してスタッフが「今日はどんな服を着るのか、今日は何をするのか」と入居者の自己決定に関与することである（丸岡2012：63）。そして、このレジデンシャル・ケアにおける介入の一要素がコントロールである。

　前述の「集団生活とアコモデーション」という項で、集団生活という老人ホームの特徴を活用する方法で、そこでの「場」づくりを展開したが、ここでは、集団生活に介入するコントロールの方法について検討する。

　老人ホームでのコントロールは、重要な要素であり、ブレアリーは、次のように

第7章　レジデンシャル・ケアのメタ・クリティーク　　119

高齢者のニードについて検討している。

「老人が病院や居住施設のケアにもち込むニードを検討する中で、個々の患者や入所者の特別のニードと同時に、集団としての老人の一般的なニードも考察できる。集団としての老人には満足できる生活を送る権利がある。そのために、老人が内的なニードと外的な圧力の間にバランスをつくるために柔軟な環境が与えられ、その中で選択ができる条件を整えられるべきである。」(Breary, C. P. 1977 = 1989：67-68)

ここでは、集団における選択の条件をつくり出すことや選択の決断を援助する必要性が説明されている。これがまさにコントロールにとって有意義なことである。

さらに、入居者との関係では、次のように指摘する。

「グループという場は、入所者にとって新しい役割や人間関係をつくる機会となる。もし、老人が今まで一人で住み、その間、ほとんど人との接触を持っていなかったならば、彼は仲間グループの中で新しい地位を得、自分の価値を再発見できるであろう。老人は全般的にも、特別の領域でも、共通して体験が豊富である。同じ地域社会での生活が共通の関心をつくり出し、それが最初の会話のきっかけとなり、そこから親密な人間関係がつくり上げられる場合もある。居住施設ワーカーの主要な任務は、人間関係を発展させ、また指導するために、インフォーマルなグループづくりにかかわることである」(Peace, S. M. 1997：74)

入居者同士の関係は、自然に生まれていくのではない。専門的な方法技術が必要である。このブレアリーの「バランス」論について、アン・デイビスは、次のように指摘している。

「施設ワーカーは、個々人が利用施設に持っている限定されたニードと同様に、集団としての高齢者の一般的なニードの確実な把握が必要であると論じている。（中略）内部的なニードは、情緒的な成長と適応に関連しており、『外部的な圧力』は、財政的、物質的、身体的なニードに関連している」(Davis, A. 1981：118-119)。

またコントロールという要素は、集団生活に埋没しているので、置き去りにされている概念である。しかし、入居者が選択すること、比較衡量すること、自己決定すること、これらにワーカーが関わっていくことが求められる。これがレジデンシャル・ケアにおけるコントロールである（丸岡 2012：63）。

次には、老人ホーム内でのグループに介入するという問題がある。これには、専

門性が必要となってくるだろう。つまり、一緒に暮らすことを助けることにも専門性が求められる。グループづくりは、この助け合う力をつくっていく過程には必要不可欠なものである。

集団生活（共同生活）については、ブレアリーの議論が的確である。ブレアリーは、共同生活を次のように指摘している。

「施設というものは、それ自身が社会のシステムであり、食事、睡眠、労働、遊びという活動の間には、障害がない。施設の組織の中での事柄の成り行きや仕組みは、自己決定やコミュニケーションと結び付いて、消極的な暴力や積極的に表面化した暴力を生み出すような状況を作り挙げるかもしれない。病院のソーシャルワーカーや施設のワーカーは、コミュニケーションを明確にし、入所者と患者に対して施設の仕組みを説明し、施設の生活の影響のいくつかを補うための役割をもっている。」(Breary, C. P. 1977 = 1989：29-30)

さらに、従事者の問題としての専門性への言及を忘れてはならない。それは、高齢者個人を尊重するというような配慮があまりにも少なすぎることが言えるだろう(Baker, C. 2015：31-32)。まずこのことが社会福祉従事者の常識にないことが大いなるクリティークである。

Ⅶ　おわりに

本稿のテーマは、1つは、レジデンシャル・ケア概念の機能と構造の再構成すること、それを捉える視点と文脈の再配置を考察すること、2つは、レジデンシャル・ケアにおける家族ケアとの関係を明らかにすること、3つは、レジデンシャル・ケアの共同生活における入居者の人間関係について探求することであった。そしてそれぞれのテーマの中のクリティークをメタ・クリティークの概念装置から再構成するものであった。

まず2つ目のテーマのレジデンシャル・ケアにおける家族ケアとの関係を明らかにしてきたが、その中でも「補足的なもの」(family-supplement) と「代替的なもの」(family-substitute) との相違点を明らかにして論究した。仮説としての「家族のオルタナティブ」(family-altenative care) は、レジデンシャル・ケアにおけるオルタナティブ（家族とは全く別のレジデンシャル・ケア）は理論的にはかなりラディカル（Davis, A. 1981：61-86) で、それを本稿の実践的理論に導くことはでき

第 7 章　レジデンシャル・ケアのメタ・クリティーク　　121

なかったが、補足的ケアと代替的ケアについては、それぞれの適合性について多様なクリティークからより理解を深められたと言えるだろう。

　3つ目のレジデンシャル・ケアの共同生活における入居者の人間関係というテーマは、現実の実践現場ではおそらく入居者同士の良好な人間関係の維持・発展が求められつつあると考えられる。本稿では、そのテーマを実践的埋論として展開して、レジデンシャル・ケアが入居者同士の共同目的を持った協働関係を追求し、「個別化」を模索することを最優先に考える時期にあることを提示した（Baker, C. 2015：21-29）。

　全体をまとめると、施設ケア論文におけるレジデンシャル・ケア概念の結論は、結果としてテーマの2と3を総合するような概念経路から、レジデンシャル・ケアにおける「個別化」を構想できる共同生活の「場」の設定にあり、個人の「個性と人格」を大切にして、「個人とケアを切り離すことが必要であり、入居者同士の関係を作る場を設定することにあった」（丸岡 2012：64）という概念地図へとたどり着いた。

　それは、「アコモデーション」という入居者の関係づくり（「場」づくりのことでもある）には、「コントロール」という選択、決断を援助するということが老人ホームの固有性として必要な機能である。それは、またトータルに高齢者の施設での生活を充足することでもあることを示した（丸岡 2012：65）。

　最後に、レジデンシャル・ケアのメタ・クリティークとして、次のような視点の変更を示唆しておきたい。

　1つは、レジデンシャル・ケアにおける施設入居者の「選択性が確保されている点」である。自己決定や自己責任を促すには、当然ながら自己選択が必要であることは、これまでの議論でもあったが、そのような自己責任へのプロセスにつながる支援のことではない。入居者自身の施設生活につながる支援のことであり、レジデンシャル・ケアにおける自己決定とは、施設利用者の自己の課題、自己の生活計画、生活設計の決定のことであり（丸岡 2012：66）、それを施設の生活というなかで選択性があり、個人の主体を発揮できるように確保されていることである。

　2つは、レジデンシャル・ケア論における「集団生活、自己決定、場」が重要であるという議論が欠落している。施設ケア論の中でも言及したが、それぞれのキーワードには、欠落部分に言及する道筋だけを示すものである。それは、集団生活（共同生活）の中で、専門家が働きかける入居者1人ひとりへの個別化の対応の根

幹に高齢者への配慮が必要であり、そのような場をつくり出していくことであり、レジデンシャル・ケアの中心に入居者の自己決定を助けることが必要である。

再度、整理すると、次の3点がメタ・クリティークとして提示するものである。レジデンシャル・ケアのたゆまぬ向上への営みとしては、「選択の余地があること、自尊心が保てること、プライドが保障されること」にあるだろう。

【注】
(1) 社会福祉に関する問いに答える機能としてメタ・クリティークを採用した。このメタ・クリティークは、それは、「メタ福祉学の構想」（丸岡2005）から生まれた。例えば、社会福祉に関する解説書は、学問としての社会福祉学の内容を検討する方向とは無縁である。しかし、メタ福祉学は、「社会福祉学の性格、問題、方法、意義などに関する議論」（丸岡2009：42）をめざしたものだった。メタ・クリティークの概念装置については、「社会福祉学と二元論」（丸岡2013：31）で右の全体図を示した。

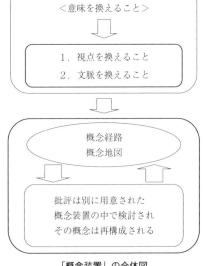

「概念装置」の全体図

(2) 高齢者（老人）の施設入所に関して用語を次のように統一した。「老人」は引用文献等から用いる場合だけそのまま使用し、「高齢者」を用いた。「施設入所」は「施設入居」に、「入所する」は「入居する」に、「入所施設」は「入居施設」に統一した。

最後に施設を利用する在宅サービスの利用者ではなく、入居施設に入居した利用者については、「入所者」ではなく「入居者」に統一したが、ところどころ引用の引用という文脈においては「利用者」という端的な表現を用いている場合もある。

(3) ここでは、「(a) 経済的安定、(b) 職業的安定、(c) 家族的安定、(d) 保健・医療の保障、(e) 教育の保障、(f) 社会参加ないし社会的協働 (g) 文化・娯楽の機会」という7つの要求を掲げている（岡村1983：82）。

(4) A. Davis は、ここでは、(1) 家族ケアのために「代替的なもの」（substitute）を提供するもの、(2) 家族ケアへの「補足的なもの」（supplement）を提供するもの、(3) 家族ケアに対する「オルタナティブなもの」（altenative）を提供するものとに分析している（Davis, A. 1981：127）。高澤武司は、(1) 家族代用（family-substitute care）、(2) 家族補足（family-supplement care）、(3) 家族以上の代替ケア（family-altenative care）

と訳している（高澤 2000：317）。
(5) 実際の老人ホーム論は、例えば、中里仁『特別養護老人ホームの日と人』の中には、本稿の施設における人間関係論をはるかに超えて入居者に対するレジデンシャル・ケアのリアリティがある。また小嶋勝利『老人ホームのリアルな暮らし』も同様のエピソードがある。しかし、現実と理論は、その境界線を引くことも難しいが、その接点から創造できるものを追求したい。
(6) ゴフマンは、「全制的施設の5類型」として、5つの類型に分類している。(1) 一定の能力を欠き無害と感じられる人びとを世話するための収容所、すなわち盲人、老人、孤児、障がいのある人のための収容所、(2) 自分の身の回りの世話ができず、自己の意思とは関係なく社会に脅威をあたえると感じられている人びとのための収容所、すなわち結核療養所、精神病院、(3) 社会に意図的に危害を加える人びとから社会を守るための収容所、刑務所、矯正施設、強制収容所、(4) 仕事を効果的に遂行するための収容所、たとえば兵営、寄宿学校、合宿訓練所、(5) 世間からの隠棲のための施設、その例は僧院、修道院。(Goffman 1961=1984：4-5)

【引用文献】
大澤真幸（1993）「『社会秩序はいかにして可能か』は社会学の基本的な問いである！」『社会学・入門』宝島社。
岡村重夫（1974）『地域福祉論』光生館。
岡村重夫（1983）『社会福祉原論』全国社会福祉協議会。
加納光子（1996）「地域ネットワークの構築に向けて」岡田藤太郎他監修『ケアマネジメント入門』（中央法規出版）194-203頁。
小室豊允（1988）編『明日の老人ホーム像を求めて』全国社会福祉協議会。
小嶋勝利（2019）『老人ホームのリアルな暮らし』祥伝社。
杉村春三（1972）「施設老人の心理的取り扱い」金子仁郎他編『講座 日本の老人1 老人の精神医学と心理学』垣内出版。
高澤武司（2000）『現代福祉システム論 最適化の条件を求めて』有斐閣。
竹内美保（2013）「特別養護老人ホームにおけるレジデンシャル・ソーシャルワークの概念―社会福祉士実習教育に焦点をあてて―」『武庫川女子大学文学部心理・社会福祉学科人間学研究』28：21-31。
長濱恭子（1993）「痴呆性老人の対人関係と生活課題」竹内孝仁・川村耕造編集『明日の高齢者ケア⑦ 施設のケアスキル』（中央法規）89-108頁。
中里仁（2017）『特別養護老人ホームの日と人』全国コミュニティライフサポートセンター。
船曳宏保（1990）「高齢化社会への社会福祉の再編」植田政孝他編『高齢化社会への総合政策』新評論。
船曳宏保（1991）「高齢化社会への社会福祉の実験」荒木兵一郎他編『高齢化社会政策の実験』新評論。

船曳宏保（1993）『社会福祉学の構想』新評論。
丸岡利則（2005）「メタ福祉学の構想」『関西福祉大学研究紀要』8：79-96。
丸岡利則（2009）「メタ福祉学の構想」関西福祉大学社会福祉研究会編『現代の社会福祉』日本経済評論社、42-65頁。
丸岡利則（2012）「レジデンシャル・ケアの再構成—施設ケアの機能と構造—」『高知県立大学紀要社会福祉学部編』61：53-68。
丸岡利則（2013）「社会福祉学と二元論—メタ・クリティークという概念装置—」『高知県立大学紀要社会福祉学部編』62：27-42。
三浦文夫（1979）「老人ホームの体系と機能」『老人ホーム処遇論』全国社会福祉協議会。

Baker, Caroline (2015) *Developing Excellent Care for People Living Dementia in Care Homes*, Jessica Kingsley Publishuers.
Barton, Russell (1976) *Institutional Neurosis*, John Wright & Sons Ltd.（＝1985、正田亙監訳『施設神経症』晃洋書房）
Breary, C. P. (1977) *Residential Work with the Elderly*, Routledge & Kegan Paul.（＝1989、西尾祐吾・杉本敏夫共訳『老人の居住施設ケア』相川書房）
Davis, Ann (1981) *The Residential Solution, State alternative to family care*, Tavistock Publications Ltd, USA.
Hill, Robert D. & Gregg, Chuck (2002) "Older Adults in Residential Care: A Population at Risk," Hill, Robert D. Edited, *Geriatric Residentail Care*, Lawrence Erlbaum Associates, Inc., Publishers, pp.3-20.
Goffman, E. (1961) *Asylums: Essays on the Social Situation of Mental Patientsand Other Inmates*, Doubleday.（＝1984、石黒毅訳『アサイラム—施設収容者の日常世界—』誠信書房、ゴッフマンの社会学3）
Peace, S. M. (1997) Peace, M, Kellaher. L. & Willcocks, W. eds. *Re-evaluating residential care*, Open University Press.
Wagner, G. (1988), *Residential Care : Positive Choice*, National Institute for Social Work, London.（＝1992、山縣文治監訳『社会福祉施設のとるべき道—英国・ワグナーレポート—』雄山閣）
Weber, M. (1922) *Wirtschaft und Gesellschaft*, Tubingen, J. C. B. Mohr.（＝1972、清水幾太郎訳『社会学の根本概念』岩波書店）

愛知東邦大学　地域創造研究所

　愛知東邦大学地域創造研究所は 2007 年 4 月 1 日から、2002 年 10 月に発足した東邦学園大学地域ビジネス研究所を改称・継承した研究機関である。

　地域ビジネス研究所設立当時は、単科大学（経営学部 地域ビジネス学科）附属の研究機関であったが、大学名称変更ならびに 2 学部 3 学科体制（経営学部 地域ビジネス学科、人間学部 人間健康学科・子ども発達学科）への発展に伴って、新しい研究分野を包括する名称へと変更した。

　現在では、3 学部 4 学科体制（経営学部 地域ビジネス学科・国際ビジネス学科、人間健康学部 人間健康学科、教育学部 子ども発達学科）となり、さらに研究・教育のフィールドを広げ、より一層多様な形で地域発展に寄与しようとしている。

　当研究所では、研究所設立記念出版物のほか、年 2 冊のペースで「地域創造研究叢書（旧 地域ビジネス研究叢書）」を編集しており、創立以来、下記の内容をいずれも唯学書房から出版してきた。

・『地域ビジネス学を創る――地域の未来はまちおこしから』（2003 年）

地域ビジネス研究叢書
・No.1『地場産業とまちづくりを考える』（2003 年）
・No.2『近代産業勃興期の中部経済』（2004 年）
・No.3『有松・鳴海絞りと有松のまちづくり』（2005 年）
・No.4『むらおこし・まちおこしを考える』（2005 年）
・No.5『地域づくりの実例から学ぶ』（2006 年）
・No.6『碧南市大浜地区の歴史とくらし――「歩いて暮らせるまち」をめざして』（2007 年）
・No.7『700 人の村の挑戦――長野県売木のむらおこし』（2007 年）

地域創造研究叢書
・No.8『地域医療再生への医師たちの闘い』（2008 年）
・No.9『地方都市のまちづくり――キーマンたちの奮闘』（2008 年）
・No.10『「子育ち」環境を創りだす』（2008 年）
・No.11『地域医療改善の課題』（2009 年）
・No.12『ニュースポーツの面白さと楽しみ方へのチャレンジ――スポーツ輪投げ「クロリティー」による地域活動に関する研究』（2009 年）

- No.13『戦時下の中部産業と東邦商業学校——下出義雄の役割』(2010 年)
- No.14『住民参加のまちづくり』(2010 年)
- No.15『学士力を保証するための学生支援——組織的取り組みに向けて』(2011 年)
- No.16『江戸時代の教育を現代に生かす』(2012 年)
- No.17『超高齢社会における認知症予防と運動習慣への挑戦——高齢者を対象としたクロリティー活動の効果に関する研究』(2012 年)
- No.18『中部における福澤桃介らの事業とその時代』(2012 年)
- No.19『東日本大震災と被災者支援活動』(2013 年)
- No.20『人が人らしく生きるために——人権について考える』(2013 年)
- No.21『ならぬことはならぬ——江戸時代後期の教育を中心として』(2014 年)
- No.22『学生の「力」をのばす大学教育——その試みと葛藤』(2014 年)
- No.23『東日本大震災被災者体験記』(2015 年)
- No.24『スポーツツーリズムの可能性を探る——新しい生涯スポーツ社会への実現に向けて』(2015 年)
- No.25『ことばでつなぐ子どもの世界』(2016 年)
- No.26『子どもの心に寄り添う——今を生きる子どもたちの理解と支援』(2016 年)
- No.27『長寿社会を生きる——地域の健康づくりをめざして』(2017 年)
- No.28『下出民義父子の事業と文化活動』(2017 年)
- No.29『下出義雄の社会的活動とその背景』(2018 年)
- No.30『教員と保育士の養成における「サービス・ラーニング」の実践研究』(2018 年)
- No.31『地域が求める人材』(2019 年)

　当研究所ではこの間、愛知県碧南市や同旧足助町（現豊田市）、長野県売木村、豊田信用金庫などからの受託研究や、共同・連携研究を行い、それぞれ成果を発表しつつある。研究所内部でも毎年5～6組の共同研究チームを組織して、多様な角度からの地域研究を進めている。本報告書もそうした成果の1つである。また学校法人東邦学園が所蔵する、9割以上が第二次大戦中の資料である約1万4,000点の「東邦学園下出文庫」も、2008年度から愛知東邦大学で公開し、現在は大学図書館からネット検索も可能にしている。

　そのほか、月例研究会も好評で、学内外研究者の交流の場にもなっている。今後とも、当研究所活動へのご協力やご支援をお願いする次第である。

執筆者紹介

尚　　爾華（しょう　じか）／愛知東邦大学人間健康学部准教授（まえがき、第1章、第3章担当）
加藤利枝子（かとう　りえこ）／株式会社あい・愛マインド主宰（第1章担当）
中川　弘子（なかがわ　ひろこ）／名古屋市立大学大学院医学研究科公衆衛生分野助教（第1章担当）
渡邉　美貴（わたなべ　みき）／名古屋市立大学大学院医学研究科公衆衛生分野研究員（第1章担当）
鈴木　貞夫（すずき　さだお）／名古屋市立大学大学院医学研究科公衆衛生分野教授（第1章担当）
中山　佳美（なかやま　よしみ）／北海道釧路保健所主任技師（第2章担当）
森　　満（もり　みつる）／北海道千歳リハビリテーション大学学長（第2章担当）
馬　利中（まり　ちゅう）／中国上海大学東アジア研究センター教授（第3章担当）
中野　匡隆（なかの　まさたか）／愛知東邦大学人間健康学部助教（第2部プロローグ～第6章担当）
丸岡　利則（まるおか　としのり）／愛知東邦大学人間健康学部教授（第7章担当）

地域創造研究叢書 No.32

高齢社会の健康と福祉のエッセンス

2019年11月15日　第1版第1刷発行　　　※定価はカバーに表示してあります。

編　者——愛知東邦大学　地域創造研究所

発　行——有限会社　唯学書房
　　　　　〒113-0033　東京都文京区本郷1-28-36　鳳明ビル102A
　　　　　TEL　03-6801-6772　　FAX　03-6801-6210
　　　　　E-mail　yuigaku@atlas.plala.or.jp
　　　　　URL　https://www.yuigakushobo.com

発　売——有限会社　アジール・プロダクション

装　幀——米谷　豪

印刷・製本——中央精版印刷株式会社

©Community Creation Research Institute, Aichi Toho University
2019 Printed in Japan
乱丁・落丁はお取り替えいたします。
ISBN978-4-908407-23-9 C3336